DINOSAURIER
ORIGAMI

NFV

In dieser Reihe sind außerdem erschienen:

 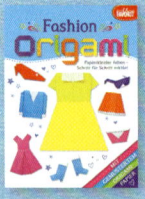    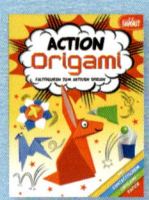 

Origami
ISBN 978-3-8494-2500-5

Fashion-Origami
ISBN 978-3-8494-2501-2

Spiel & Spaß-Origami
ISBN 978-3-8494-2502-9

Mein erstes Origami
ISBN 978-3-8494-2503-6

Ultimative Papierflieger
ISBN 978-3-8494-2504-3

Action Origami
ISBN 978-3-8494-2505-0

Weihnachts-Origami
ISBN 978-3-8494-2506-7

Erstveröffentlichung unter dem Titel:
„Origami Dinosaurs"
© Arcturus Holdings Limited 2017

Genehmigte Lizenzausgabe
NEUER FAVORIT VERLAG GmbH
Industriestraße 19
64407 Fränkisch-Crumbach 2021
www.neuer-favorit-verlag.de

Text: Joe Fullman
Modelle: Picnic
Fotografie: Michael Wilkes
Design: Emma Randall

ISBN 978-3-8494-2507-4

INHALT

EINLEITUNG

Bereite dich darauf vor, mit Origami die Welt der Dinosaurier zu erkunden. Du lernst, wie du furchterregende Dinos faltest oder wie du sogar deine eigenen Dino-Krallen machst!

Viele Origami-Modelle in diesem Buch haben die gleichen Faltungen und Grundformen. Diese Einleitung erklärt dir diejenigen, die sehr oft vorkommmen. Du solltest diese Faltungen und Grundformen beherrschen, bevor du beginnst. In der Zeichenerklärung erfährst du, was die Pfeile und Linien bedeuten.

ZEICHENERKLÄRUNG

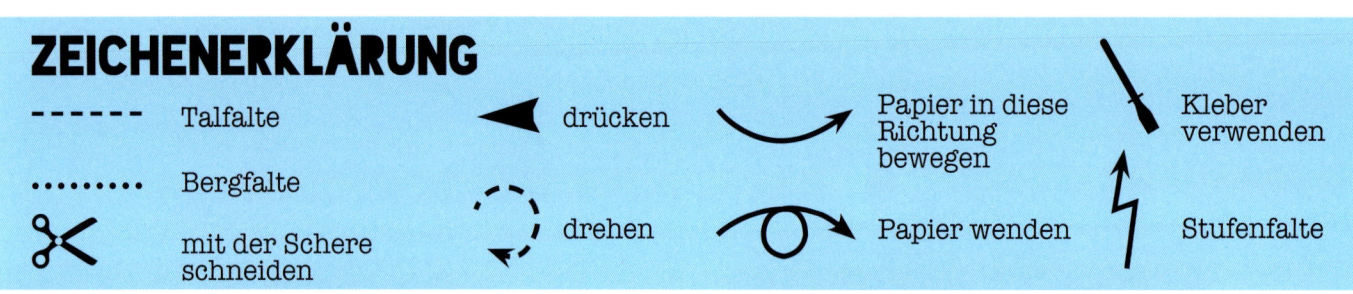

- - - - - -   Talfalte

·········   Bergfalte

✂   mit der Schere schneiden

◄   drücken

⟳   drehen

⤳   Papier in diese Richtung bewegen

↻   Papier wenden

⟋   Kleber verwenden

⚡   Stufenfalte

TALFALTE

Um eine Talfalte zu machen, falte das Papier so, dass die Falte von dir weg zeigt, wie ein Tal.

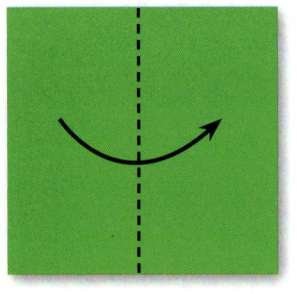

BERGFALTE

Um eine Bergfalte zu machen, falte das Papier andersherum, sodass die Falte zu dir zeigt, wie ein Berg.

STUFENFALTE

Die Stufenfalte bildet eine Stufe im Papier. Wir brauchen sie, um Ohren, Schwänze und andere Dino-Teile zu machen.

1 Falte zuerst in der Mitte eine Talfalte. Forme dann eine Bergfalte direkt über der Talfalte.

2 Drücke die Bergfalte über die Talfalte und presse sie flach.

3 Jetzt hast du eine Stufenfalte. Du kannst sie auch andersherum machen, indem du mit einer Bergfalte beginnst.

4

GEGENBRUCH NACH INNEN

Einen Gegenbruch nach innen brauchst du, wenn dein Modell an einer Stelle abgeflacht sein soll, z. B. bei der Schnauze und dem Schwanz eines Dinos.

ÖFFNEN

1 Falte das Papier diagonal in der Mitte. Falte eine Talfalte an einer Ecke.

2 Es ist wichtig, dass das Papier gut geknickt ist. Streiche den Knick zwei- bis dreimal mit dem Finger nach.

3 Entfalte den Knick und öffne die Ecke ein wenig. Falte den vorderen Knick zu einer Bergfalte.

4 Öffne das Papier noch etwas mehr und stecke dann die Spitze nach innen. Schließe das Papier. Hier siehst du die Ansicht auf die Unterseite.

5 Streiche das Papier glatt. Nun hast du einen Gegenbruch nach innen gefaltet.

GEGENBRUCH NACH AUSSEN

Einen Gegenbruch nach außen brauchst du, wenn ein Teil deines Modells hervorstehen soll, z. B. bei Köpfen und Schnäbeln.

1 Falte das Papier diagonal in der Mitte. Falte eine Talfalte an einer Ecke.

2 Es ist wichtig, dass das Papier gut geknickt ist. Streiche den Knick zwei- bis dreimal mit dem Finger nach.

3 Entfalte den Knick und öffne die Ecke ein wenig. Falte den hinteren Teil des Knicks zu einer Talfalte.
ÖFFNEN

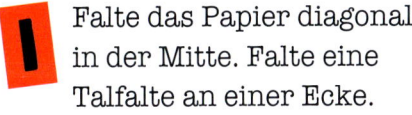

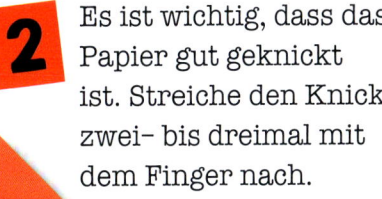

4 Öffne das Papier weiter und ziehe die Ecke nach oben. Während die Falte beginnt, sich zu drehen, schließe das Papier wieder.

5 Nun hast du einen nach außen gefalteten Gegenbruch. Du kannst den Knick flach drücken oder offen lassen.

GRUNDFORM DRACHE

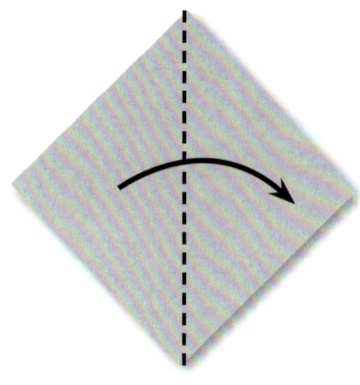 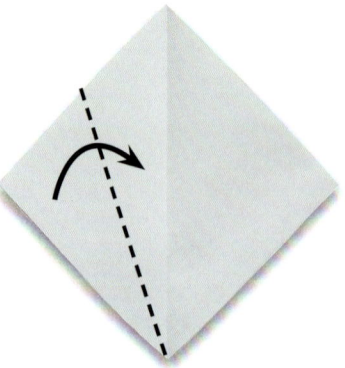  

1 Lege das Papier so, dass die Spitze zu dir zeigt. Falte die linke Seite zur rechten und entfalte sie wieder.

2 Falte die linke Seite mit einer Talfalte zur Mitte.

3 Falte nun die rechte Seite mit einer Talfalte zur Mitte.

4 Das ist die Grundform „Drache".

GRUNDFORM FISCH

1 Falte die Grundform Drache, wie oben gezeigt. Falte die linke Ecke mit einer Talfalte zur Mitte.

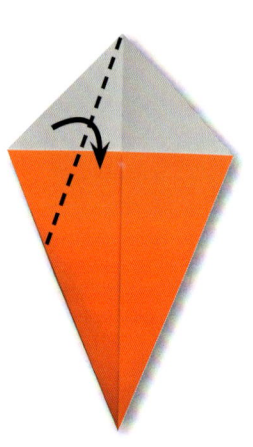 

2 Wiederhole den Schritt mit der rechten Ecke.

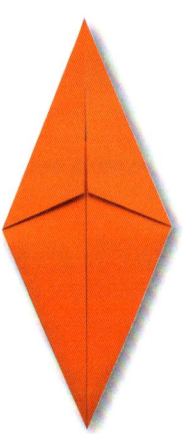

3 Das Papier sollte nun so aussehen.

ÖFFNEN

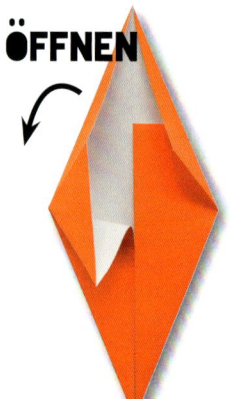

4 Öffne die obere linke Ecke. Halte die innere Klappe fest und ziehe diese nach unten, sodass eine neue Klappe entsteht, wie abgebildet.

ÖFFNEN

5 Glätte das Papier. Dann wiederhole den Vorgang mit der oberen rechten Ecke.

6 Das ist die Grundform „Fisch".

GRUNDFORM WASSERBOMBE

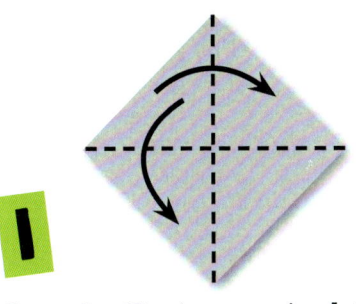

1 Lege das Papier so, wie abgebildet. Falte es waagerecht und senkrecht und entfalte es wieder.

WENDEN

2 Das Papier sieht nun so aus. Wende es und drehe es um 45°.

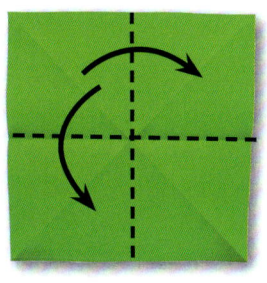

3 Falte das Papier waagrecht und senkrecht in der Mitte.

DRÜCKEN   DRÜCKEN

4 Drücke die Seiten ein, sodass sich der Punkt in der Mitte hebt.

5 Drücke die Seiten nach innen, sodass Vorder- und Rückseite aufeinander liegen.

6 Streiche das Papier glatt. Das ist die Grundform „Wasserbombe".

GRUNDFORM RAUTE

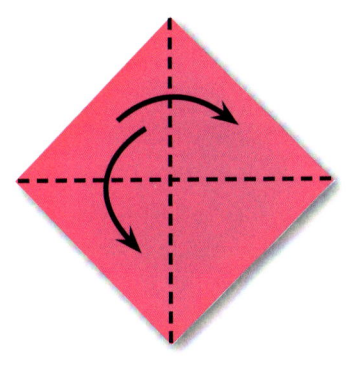

1 Lege das Papier so, wie abgebildet. Falte es waagerecht und senkrecht und entfalte es wieder.

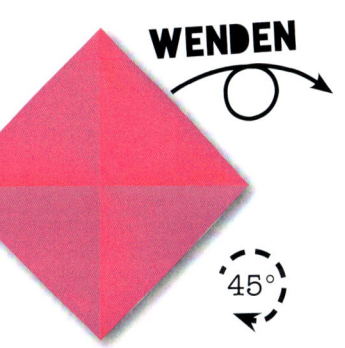

WENDEN

2 Das Papier sieht nun so aus. Wende es und drehe es um 45°.

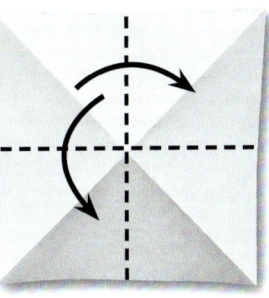

3 Falte das Papier waagrecht und senkrecht in der Mitte.

4 Das Papier sollte nun so aussehen. Drehe es so, dass eine Ecke zu dir zeigt.

DRÜCKEN   DRÜCKEN

5 Halte das Papier an den gegenüberliegenden Ecken. Drücke die Ecken, bis sie nach innen zusammenklappen.

6 Streiche das Papier glatt. Das ist die Grundform „Raute".

GRUNDFORM VOGEL

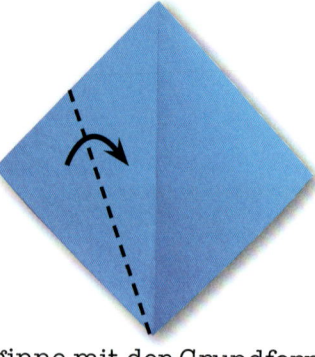

1 Beginne mit der Grundform „Raute" (Seite 7), sodass das offene Ende zu dir zeigt. Falte die linke Ecke der oberen Lage zur Mitte.

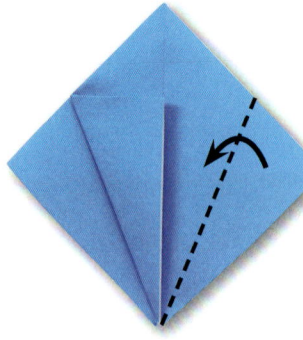

2 Wiederhole den Schritt auf der anderen Seite.

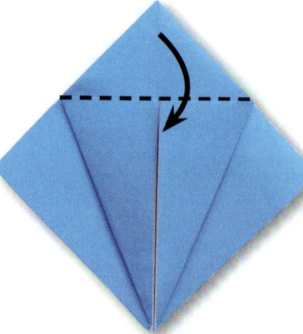

3 Falte die obere Ecke mit einer Talfalte nach unten.

4 Öffne die Spitze und die Seiten und dein Papier sollte so aussehen.

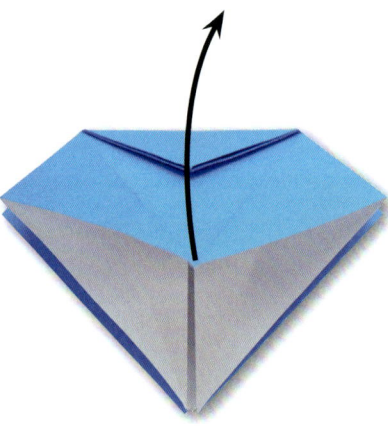

5 Nimm die unterste Ecke der oberen Lage und falte sie nach oben.

6 Das Papier sollte sich wie ein Vogelschnabel öffnen. Öffne die Klappe, soweit es geht.

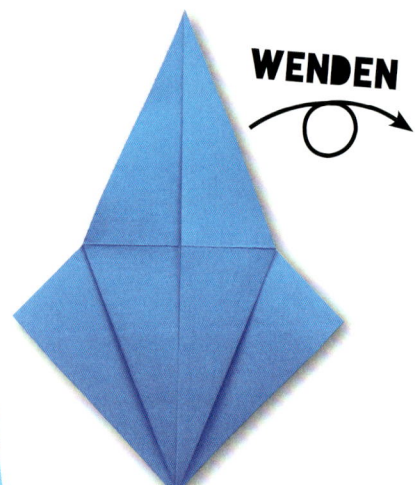

WENDEN

7 Glätte das Papier, sodass es diese Form hat. Drehe das Papier um.

8 Das Papier sollte nun so aussehen. Dann wiederhole Schritt 1 bis 7 auf dieser Seite.

9 Du hast jetzt die Grundform „Vogel". Die beiden unteren Klappen sollten durch einen offenen Schlitz getrennt sein.

8

DINO-SPASS

Beginnen wir unsere Reise in die Welt der Dinosaurier-Origamis mit einigen lustigen Projekten. In diesem Kapitel lernst du, wie du ein Dinosaurier-Ei, scharfe Dino-Krallen, ein Urzeit-Auge oder einen bissigen Raptor-Kopf faltest.

URZEIT-AUGE

Folge der Anleitung, um herauszufinden, wie es ist, einem Dinosaurier in die Augen zu schauen. Mal sehen, wer zuerst blinzelt!

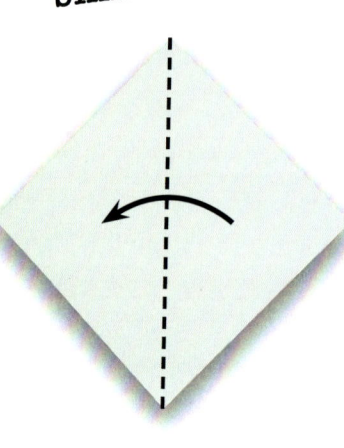

1

Lege die farbige Seite nach unten und drehe eine Ecke zu dir. Falte dann die rechte Hälfte auf die linke und öffne die Faltung wieder.

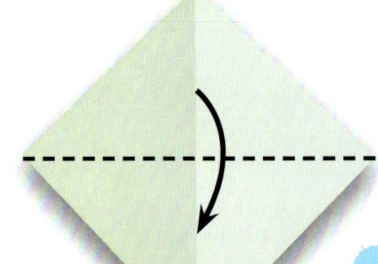

2

Falte nun die obere Hälfte auf die untere und öffne die Faltung wieder.

3

Falte die obere Ecke nach unten zum Mittelpunkt.

4

Falte die untere Ecke nach oben zum Mittelpunkt.

5

Falte die obere Kante nach unten zur Mitte.

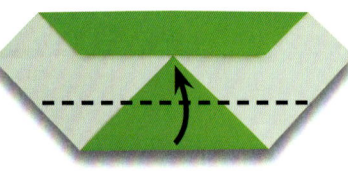

6

Falte die untere Kante nach oben zur Mitte.

7 Dein Papier sollte jetzt so aussehen. Öffne nun die Faltung von Schritt 3 bis 6.

ÖFFNEN

ÖFFNEN

8 Falte die obere Ecke zur zweiten Kante.

9 Wiederhole Schritt 8 mit der unteren Ecke.

10 Falte die obere Kante zur dritten Kante.

11 Wiederhole Schritt 10 mit der unteren Kante.

12 Falte die obere Kante zur Mitte.

WENDEN

13 Falte die untere Kante zur Mitte.

14 Dein Papier sollte so aussehen. Drehe es dann um.

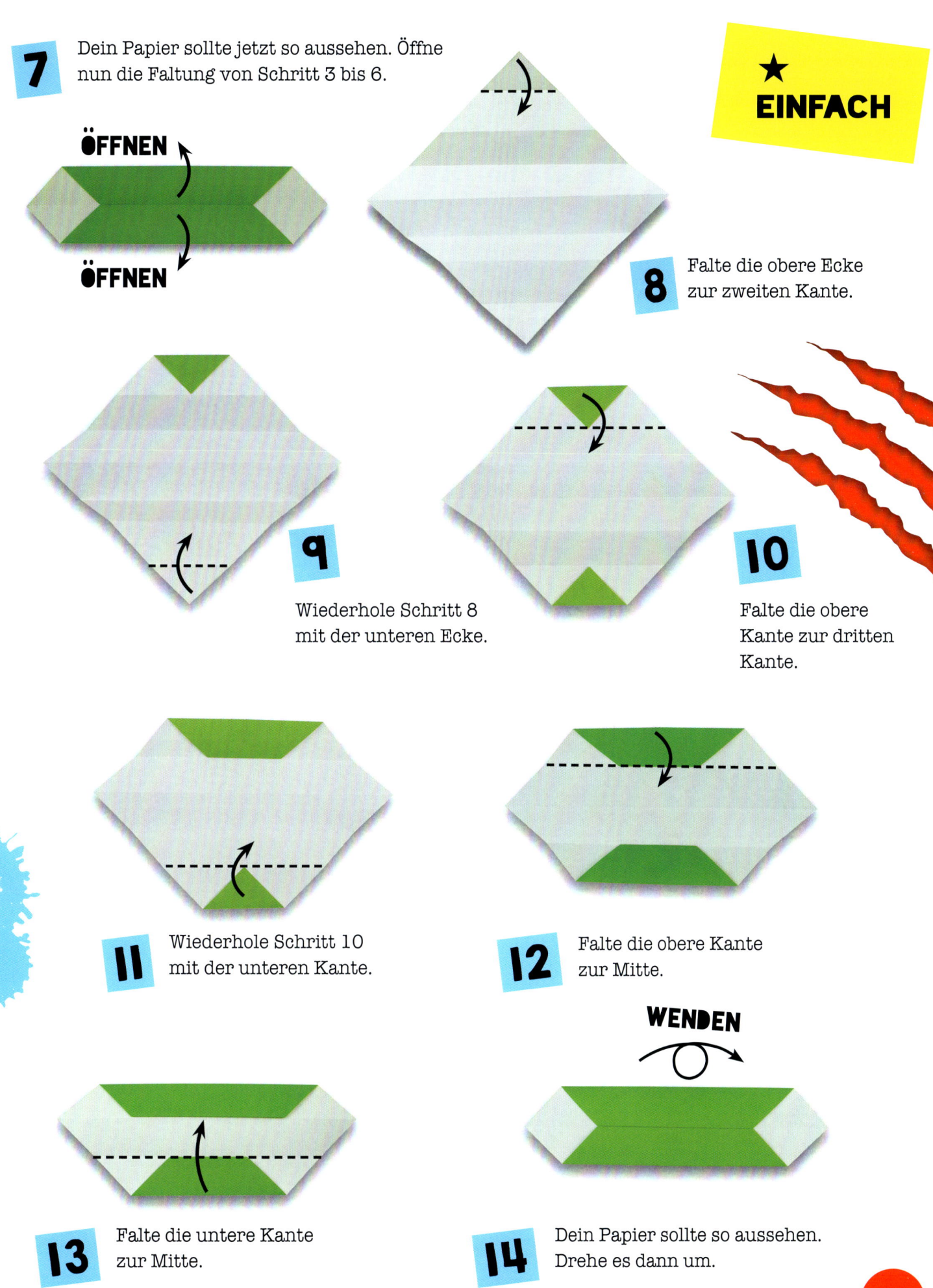

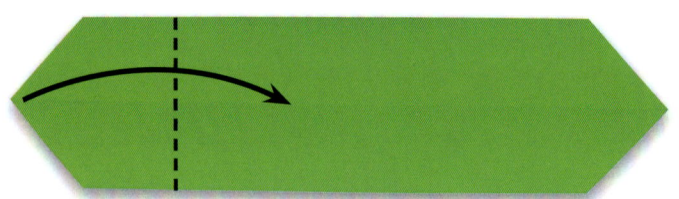

15 Falte die linke Ecke zur Mitte.

16 Falte dann die rechte Ecke zur Mitte.

17 Falte die obere linke Ecke, wie gezeigt, nach unten.

18 Wiederhole Schritt 17 mit der oberen rechten Ecke.

ÖFFNEN **ÖFFNEN**

19 Öffne die Faltung von Schritt 17 und 18.

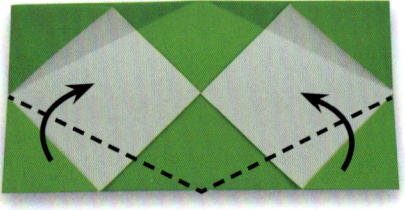

20 Wiederhole Schritt 17 und 18 mit den unteren Ecken.

ANHEBEN **ANHEBEN**

ÖFFNEN **ÖFFNEN**

21 Öffne die Faltung von Schritt 20.

ANHEBEN **ANHEBEN**

22 Hebe die vier Ecken an, sodass sie sich auf beiden Seiten treffen.

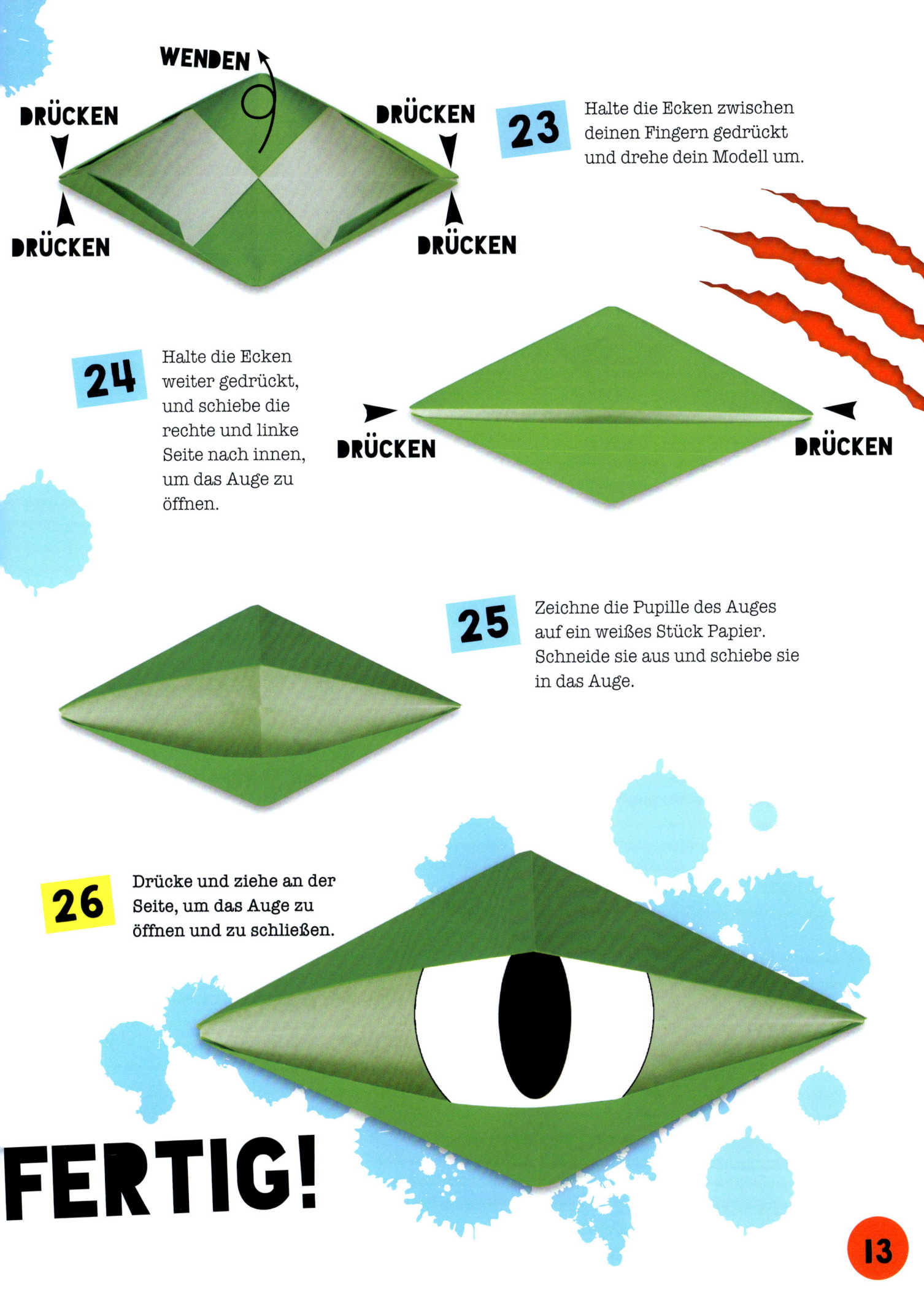

WENDEN

DRÜCKEN

DRÜCKEN

DRÜCKEN

DRÜCKEN

23 Halte die Ecken zwischen deinen Fingern gedrückt und drehe dein Modell um.

24 Halte die Ecken weiter gedrückt, und schiebe die rechte und linke Seite nach innen, um das Auge zu öffnen.

DRÜCKEN

DRÜCKEN

25 Zeichne die Pupille des Auges auf ein weißes Stück Papier. Schneide sie aus und schiebe sie in das Auge.

26 Drücke und ziehe an der Seite, um das Auge zu öffnen und zu schließen.

FERTIG!

DINOSAURIER–EI

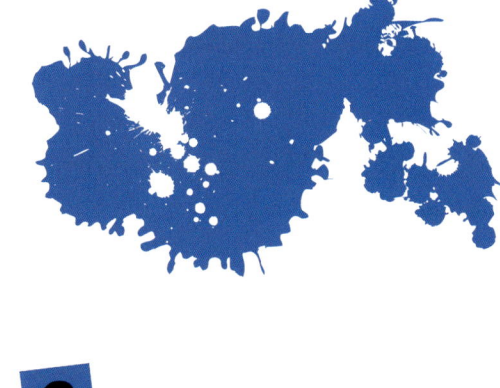

Jeder Dinosaurier schlüpfte aus einem Ei. Warum machst du nicht mehrere Eier, damit du dein eigenes Dinosaurier-Nest hast?

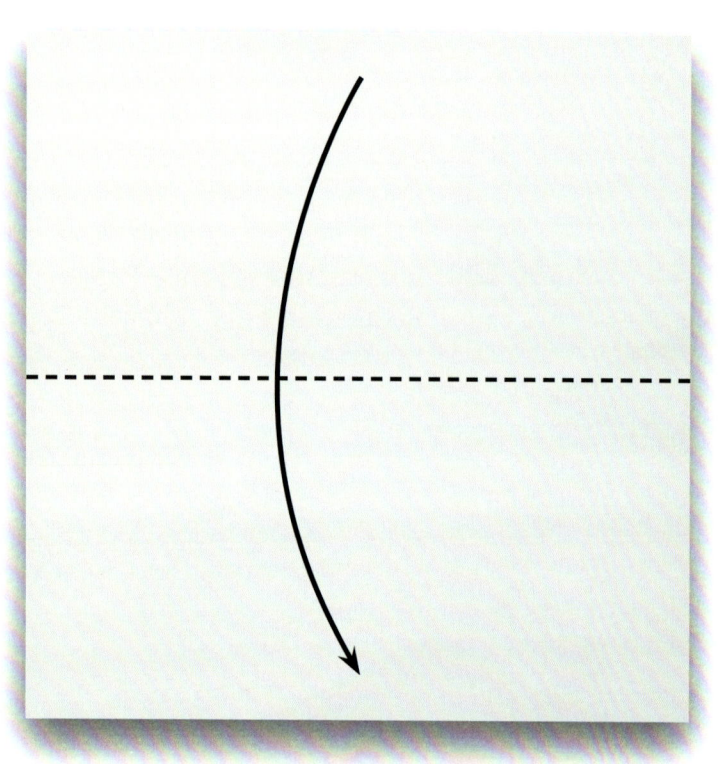

1

Lege die farbige Seite nach unten, sodass eine gerade Kante zu dir zeigt. Falte dann die obere Hälfte nach unten.

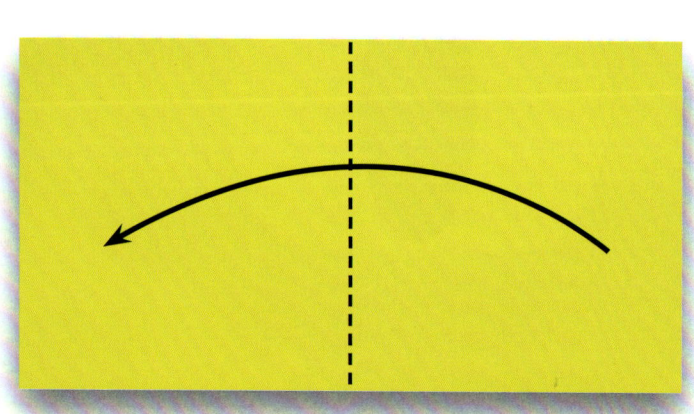

2

Falte dann die rechte Hälfte nach links.

14

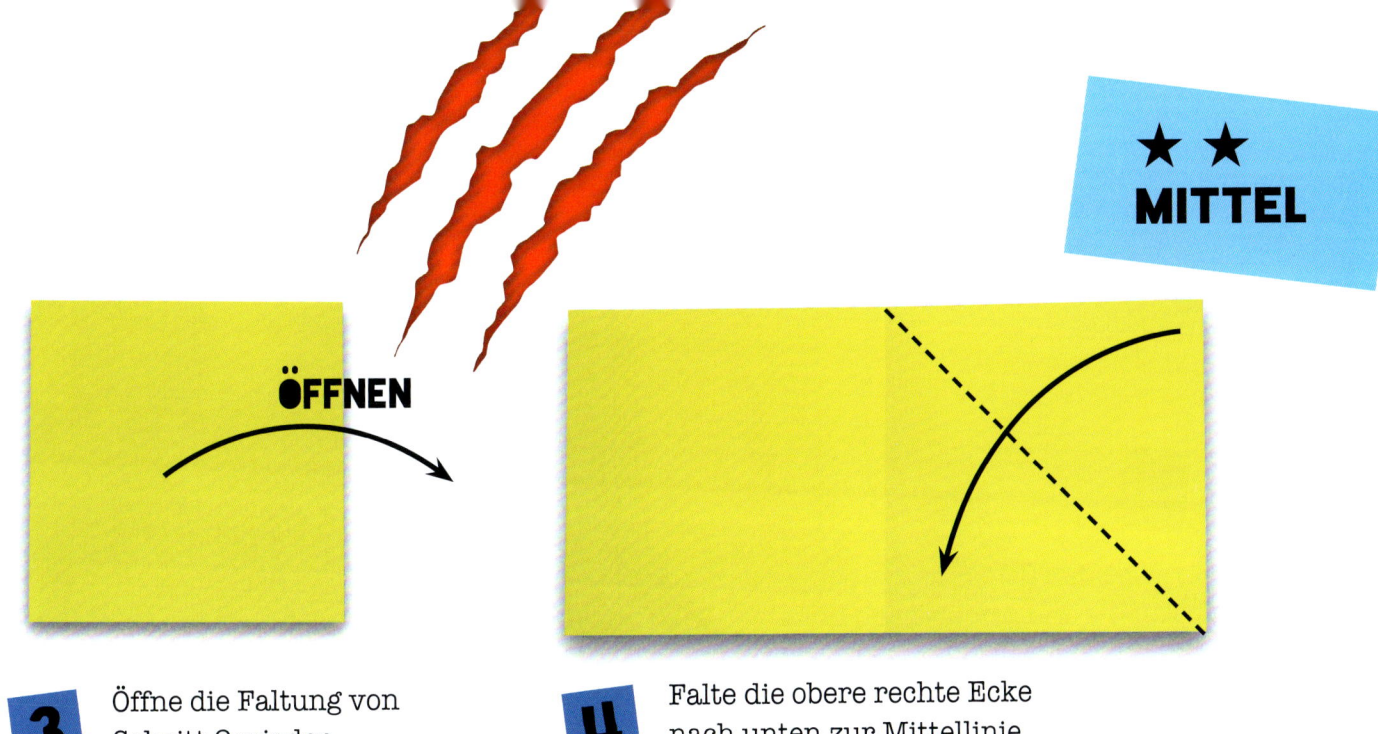

3 Öffne die Faltung von Schritt 2 wieder.

4 Falte die obere rechte Ecke nach unten zur Mittellinie.

WENDEN

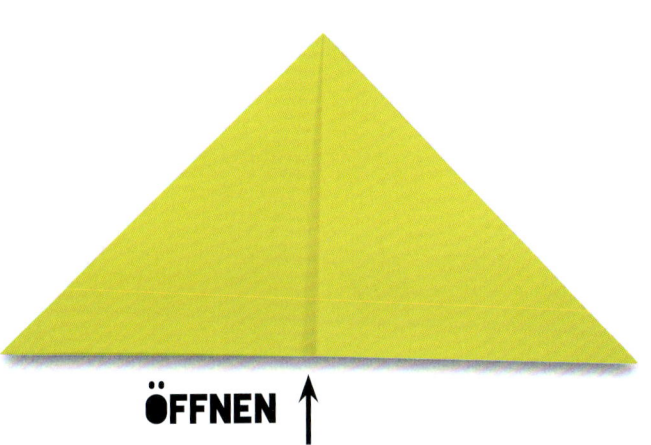

ÖFFNEN

5 Drehe das Papier nach rechts um und wiederhole Schritt 4, dann dreh es wieder zurück.

6 Dein Papier sollte so aussehen. Öffne die untere Öffnung etwas.

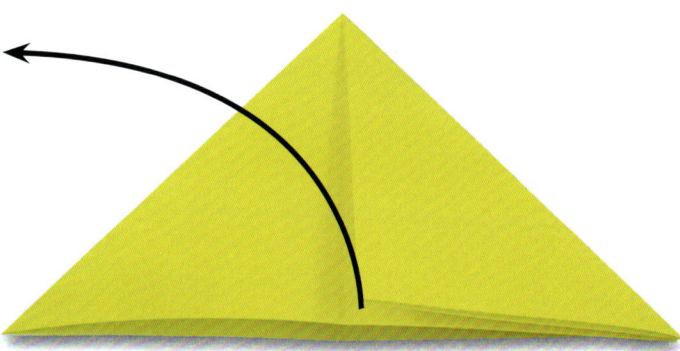

ANHEBEN

45°

7 Fasse die oberen beiden Schichten an der unteren linken Ecke und ziehe sie von unten nach oben links, sodass das Papier eine quadratische Form enthält.

8 Dein Papier sollte so aussehen. Drehe das Papier, sodass das offene Ende zu dir zeigt.

9

Die beiden Schichten mit einer Talfalte wie gezeigt nach links falten. Die Faltung sollte leicht geneigt sein.

10

Wiederhole Schritt 9 auf der linken Seite.

11

Falte die beiden oberen Klappen mit einer Bergfalte nach hinten.

12

Mache eine kleine Talfalte in die obere Lage auf der linken Seite, wie abgebildet.

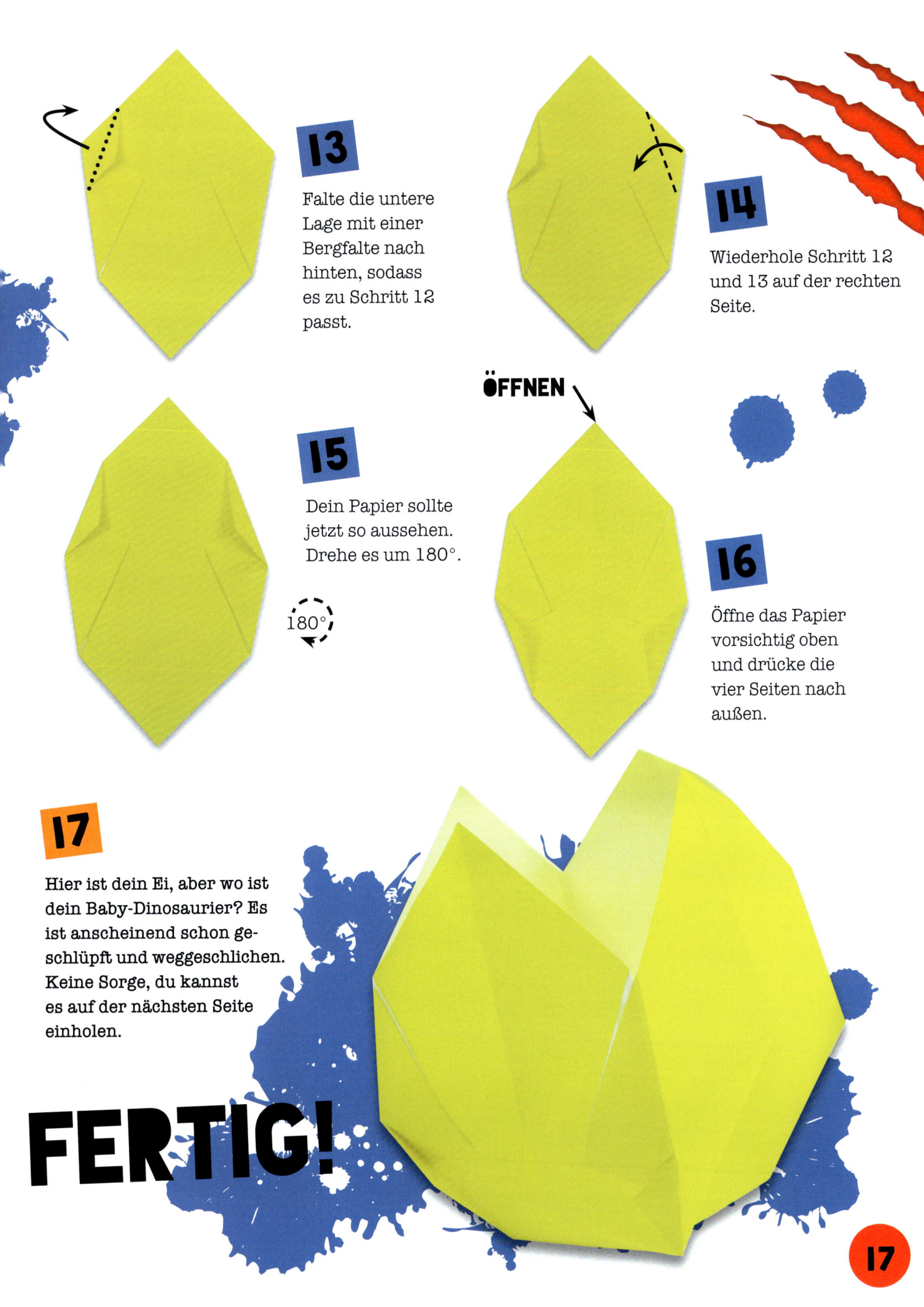

13

Falte die untere Lage mit einer Bergfalte nach hinten, sodass es zu Schritt 12 passt.

14

Wiederhole Schritt 12 und 13 auf der rechten Seite.

15

Dein Papier sollte jetzt so aussehen. Drehe es um 180°.

180°

ÖFFNEN

16

Öffne das Papier vorsichtig oben und drücke die vier Seiten nach außen.

17

Hier ist dein Ei, aber wo ist dein Baby-Dinosaurier? Es ist anscheinend schon geschlüpft und weggeschlichen. Keine Sorge, du kannst es auf der nächsten Seite einholen.

FERTIG!

BABY–DINOSAURIER

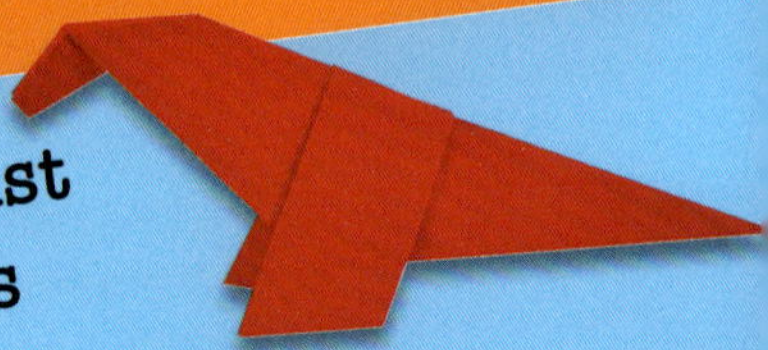

Hier lernst du, einen Baby-Dinosaurier zu falten. Das ist ein ziemlich einfaches Projekt, aber achte darauf, dass deine Faltungen genau sind.

1

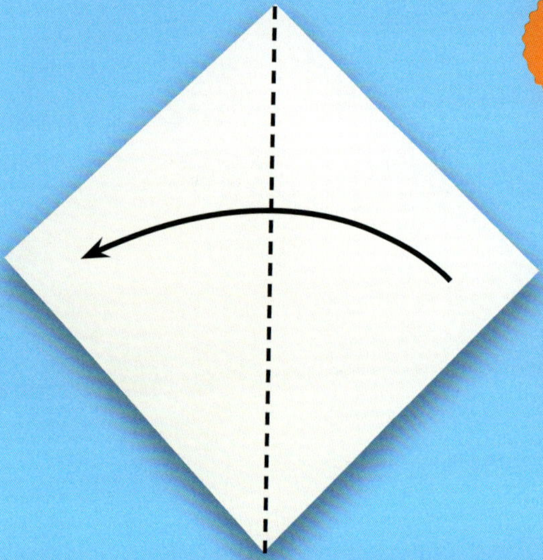

Zuerst faltest du die Grundform „Drache": Lege die farbige Seite nach unten und drehe eine Ecke zu dir. Falte die rechte Hälfte nach links.

ÖFFNEN

2

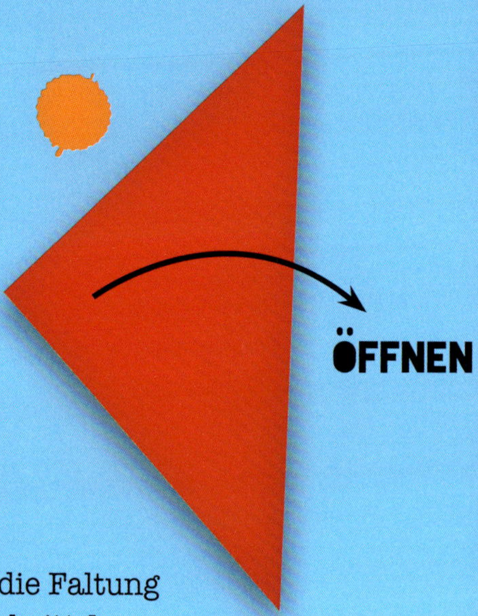

Öffne die Faltung von Schritt 1 wieder.

3

Falte die linke Ecke zur Mitte hin.

4

Falte dann die rechte Ecke zur Mitte hin.

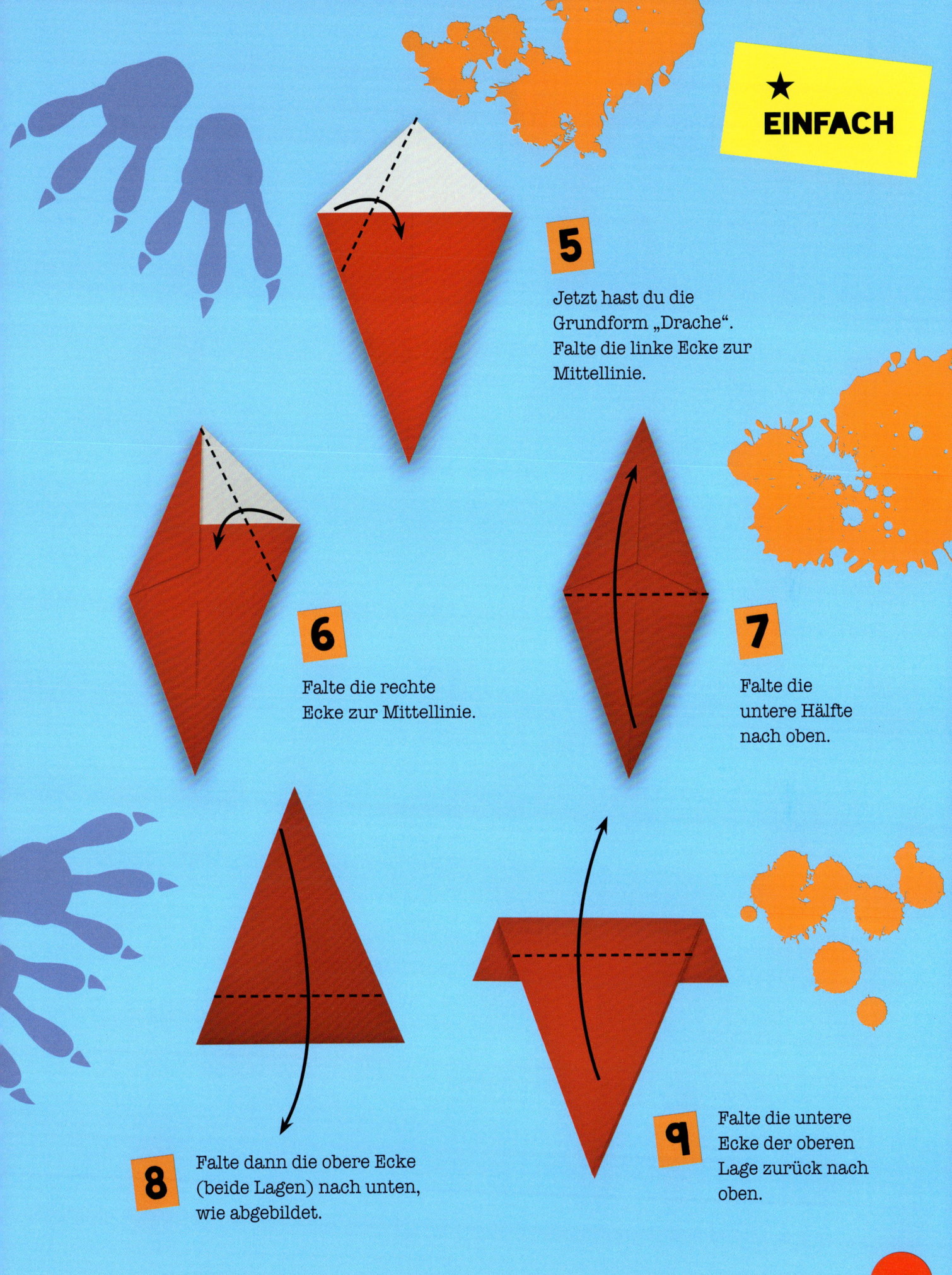

5 Jetzt hast du die Grundform „Drache". Falte die linke Ecke zur Mittellinie.

6 Falte die rechte Ecke zur Mittellinie.

7 Falte die untere Hälfte nach oben.

8 Falte dann die obere Ecke (beide Lagen) nach unten, wie abgebildet.

9 Falte die untere Ecke der oberen Lage zurück nach oben.

BABY-DINOSAURIER FORTSETZUNG ...

10

Falte die linke
Hälfte dann
nach rechts.

11

Dein Papier sollte
jetzt so aussehen.
Drehe dein Papier,
sodass es aussieht,
wie in Schritt 12.

90°

12

Mache eine Talfalte an der oberen
linken Ecke, wie abgebildet.

13

Falte die Talfalte dann zu
einer Bergfalte und mache
daraus einen Gegenbruch
nach innen (siehe Seite 5).
Das ist der Kopf.

14

Falte die Spitze des
Kopfes dann nach
rechts.

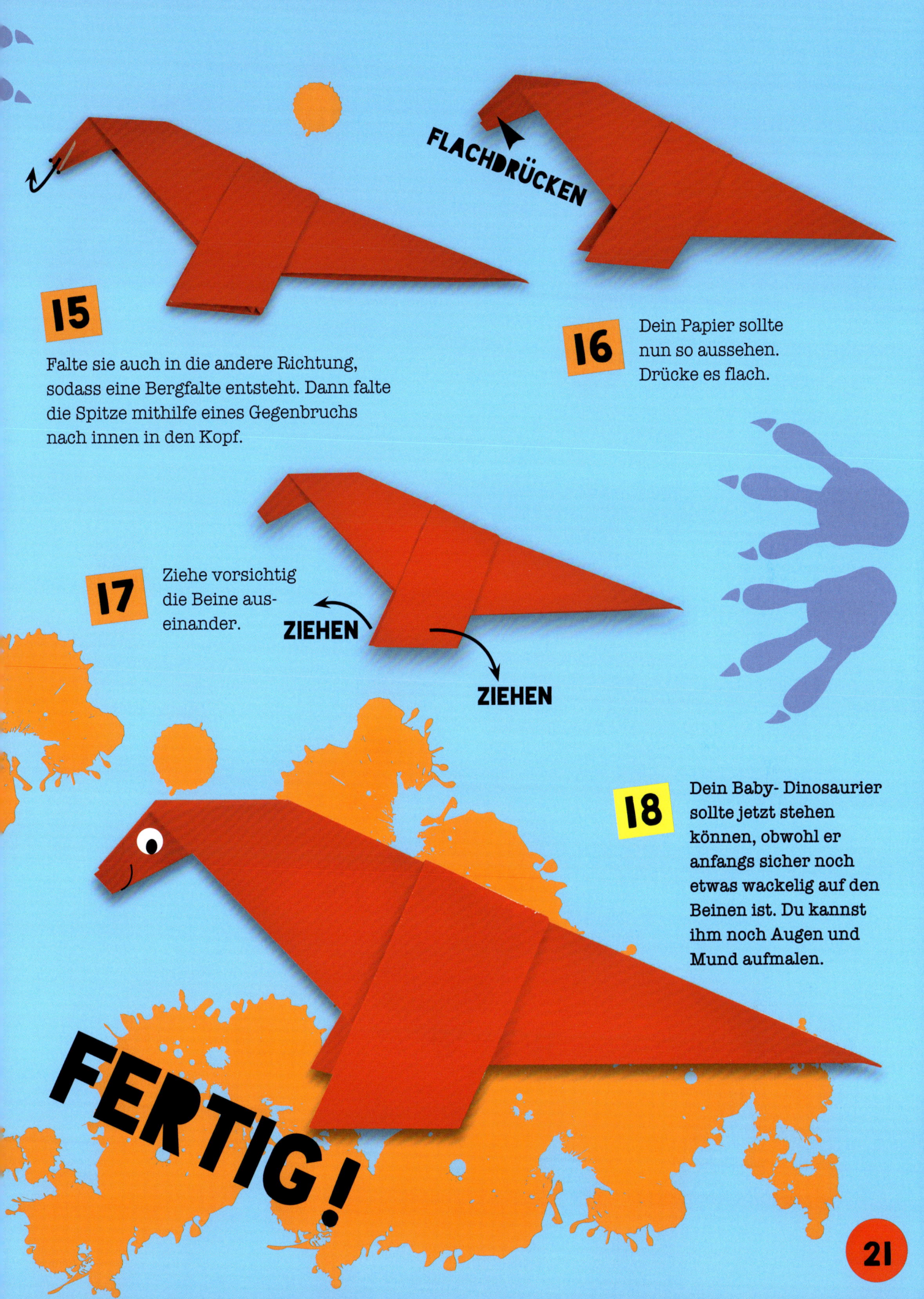

FLACHDRÜCKEN

15 Falte sie auch in die andere Richtung, sodass eine Bergfalte entsteht. Dann falte die Spitze mithilfe eines Gegenbruchs nach innen in den Kopf.

16 Dein Papier sollte nun so aussehen. Drücke es flach.

17 Ziehe vorsichtig die Beine auseinander.

ZIEHEN

ZIEHEN

18 Dein Baby-Dinosaurier sollte jetzt stehen können, obwohl er anfangs sicher noch etwas wackelig auf den Beinen ist. Du kannst ihm noch Augen und Mund aufmalen.

FERTIG!

DINO-KRALLEN

Wenn du dich jemals gefragt hast, wie es wäre, ein Dinosaurier zu sein, dann ist dieses Projekt perfekt für dich. Du brauchst zehn Blätter Papier, um einen vollen Satz Krallen zu falten.

180°

GRUND-FORM DRACHE

1

Lass uns mit der ersten Kralle beginnen. Du brauchst die Grundform „Drache" (siehe Seite 6). Drehe das Papier um 180°.

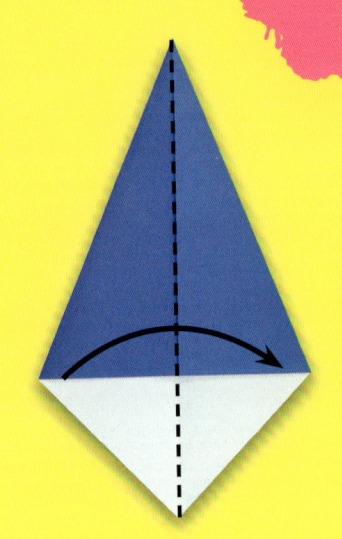

2

Falte die linke Hälfte dann nach rechts.

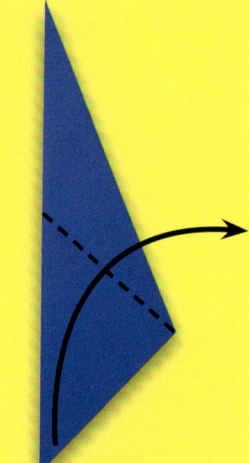

3

Falte die untere Ecke nach rechts oben.

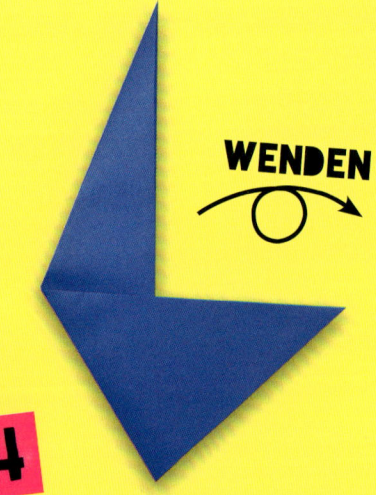

WENDEN

4

Drehe dein Papier um.

5

Falte die linke Ecke nach rechts.

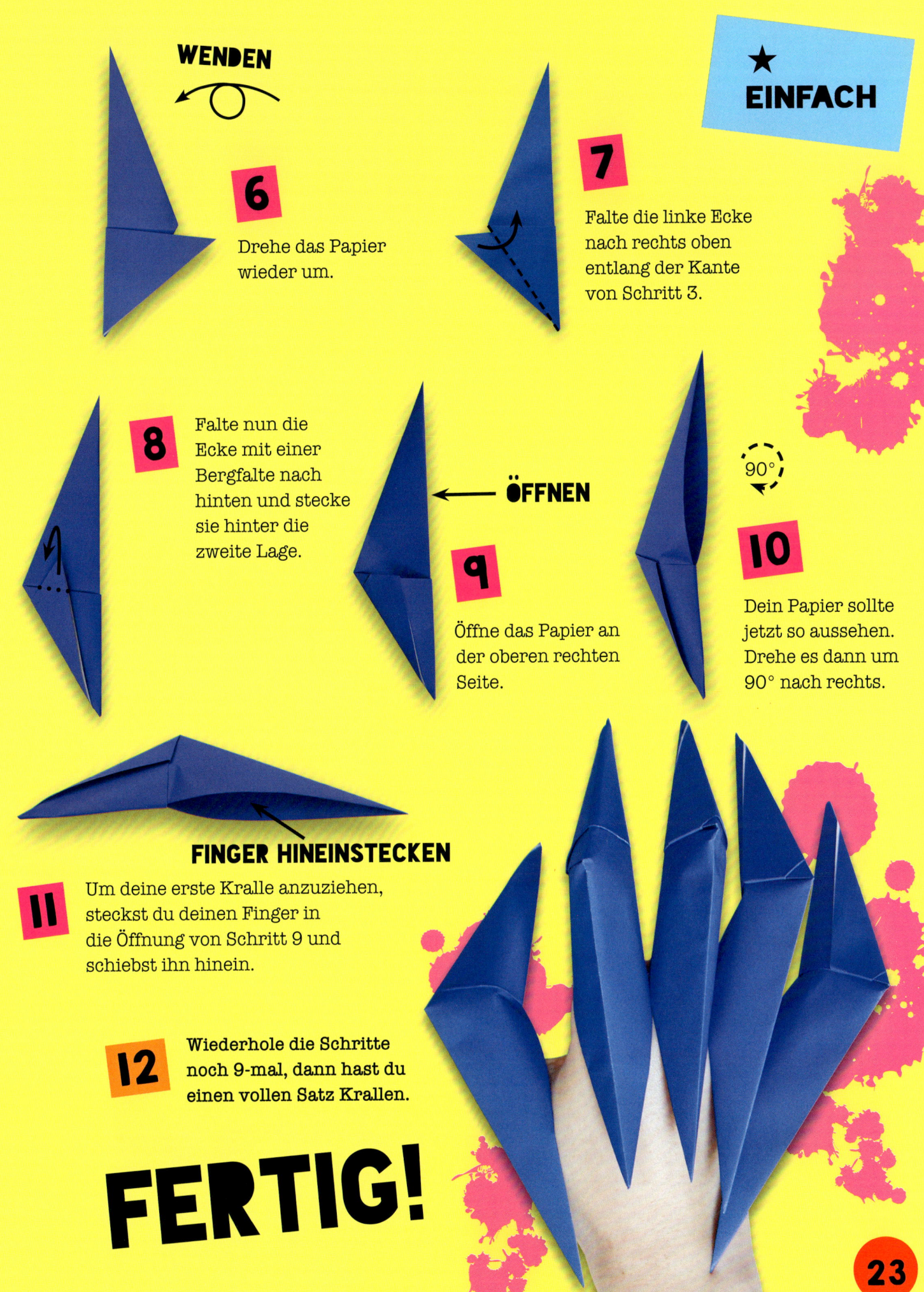

WENDEN

6 Drehe das Papier wieder um.

7 Falte die linke Ecke nach rechts oben entlang der Kante von Schritt 3.

8 Falte nun die Ecke mit einer Bergfalte nach hinten und stecke sie hinter die zweite Lage.

ÖFFNEN

9 Öffne das Papier an der oberen rechten Seite.

90°

10 Dein Papier sollte jetzt so aussehen. Drehe es dann um 90° nach rechts.

FINGER HINEINSTECKEN

11 Um deine erste Kralle anzuziehen, steckst du deinen Finger in die Öffnung von Schritt 9 und schiebst ihn hinein.

12 Wiederhole die Schritte noch 9-mal, dann hast du einen vollen Satz Krallen.

FERTIG!

DINOSAURIER–FUSSABDRUCK

Was wir heute von Dinosauriern wissen, stammt nicht nur von versteinerten Knochen, sondern auch von ihren Fußabdrücken. Hier lernst du, riesige Dino-Schritte zu machen.

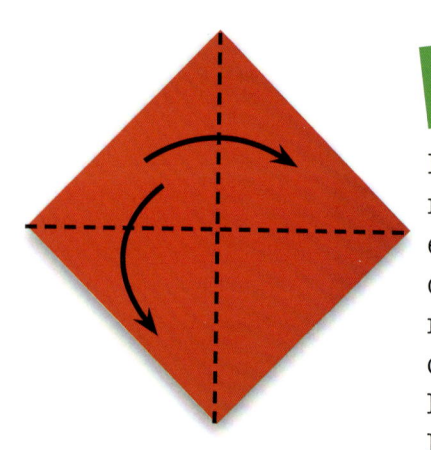

1

Lege die farbige Seite nach oben und drehe eine Ecke zu dir. Falte dann die linke Hälfte nach rechts und öffne die Faltung wieder. Falte dann die obere Hälfte nach unten und öffne die Faltung wieder.

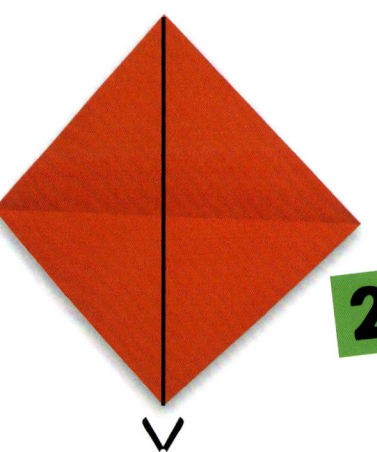

2 Schneide mit der Schere das Blatt diagonal auseinander, wie abgebildet.

3 Lege die rechte Hälfte zur Seite.

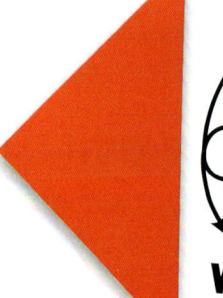

4 Drehe das linke Blatt Papier um.

WENDEN

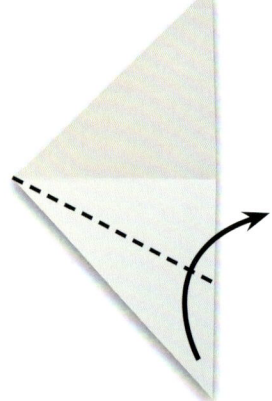

5 Falte die untere Ecke nach rechts oben zur Mitte.

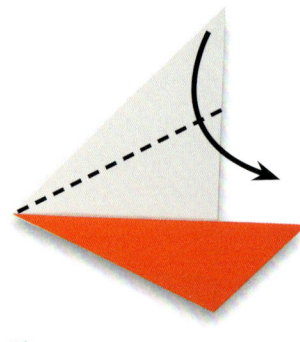

6 Wiederhole Schritt 5 mit der oberen Ecke.

7 Ziehe die rechte Ecke der unteren Hälfte nach unten links.

8 Bevor du die Falte glättest, falte die rechte Seite der unteren Hälfte wie gezeigt, und drücke dann beide Falten zusammen glatt.

9 Dein Papier sollte nun so aussehen. Wiederhole Schritt 7 und 8 auch mit der oberen Hälfte.

10 Nimm dein anderes Stück Papier und wiederhole Schritt 4 bis 9.

WENDEN

11 Drehe dein Papier dann einmal um.

FERTIG!

12 Lege deine beiden Modelle so nebeneinander, dass sie wie richtige Fußabdrücke aussehen. Du kannst noch mehr Fußabdrücke falten, für eine ganze Herde!

BISSIGER RAPTOR

Folge der Anleitung, um den beweglichen Kopf eines bissigen Raptors zu falten — auf Seite 30 und 46 findest du noch andere Raptoren.

GRUND-FORM DRACHE

180°

1
Beginne mit der Grundform „Drache" (siehe Seite 6) und drehe dein Papier um 180°.

2
Falte dann die rechte Ecke zur Mittellinie.

3
Wiederhole jetzt Schritt 2 mit der linken Ecke.

4
Die untere Hälfte wird dann nach oben gefaltet.

5
Falte die obere Ecke der oberen Lage an die untere Kante.

6
Falte die obere Ecke der unteren Lage nach rechts an die obere Kante.

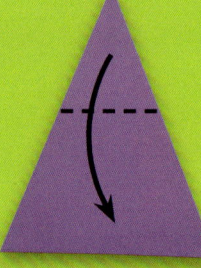

26

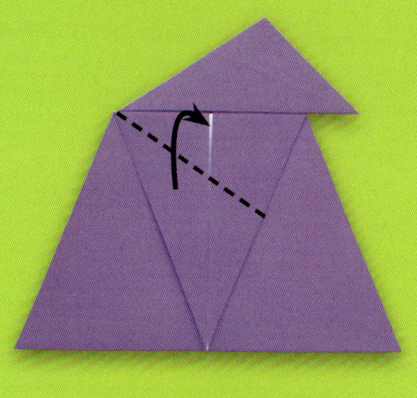

7 Falte die untere Ecke der oberen Lage nach rechts an die obere Kante.

ÖFFNEN

8 Falte die obere Ecke nach unten an die Kante der Mundöffnung.

9 Öffne die Faltung von Schritt 8 wieder.

ÖFFNEN

10 Jetzt öffne die Faltung von Schritt 6 wieder.

DRÜCKEN

11 Mache einen Gegenbruch nach innen (siehe Seite 5), indem du die rechte Seite eindrückst.

FLACHDRÜCKEN

12 Jetzt sieht das Papier so aus. Falte dann die obere Ecke wieder an die Mundöffnung.

13 Die untere Ecke an die Kante der Mundöffnung nach oben falten.

ÖFFNEN

14

Öffne die Faltung von Schritt 13 wieder.

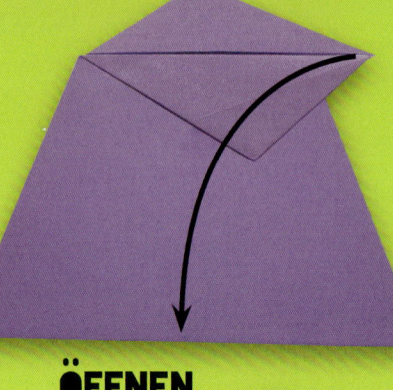

15

Jetzt öffne die Faltung von Schritt 7.

ÖFFNEN

16

Wiederhole Schritt 11. Mache einen Gegenbruch nach innen, indem du die rechte Seite eindrückst.

DRÜCKEN

FLACHDRÜCKEN

17

Drücke das Papier jetzt flach. Jetzt hast du einen Raptorkopf.

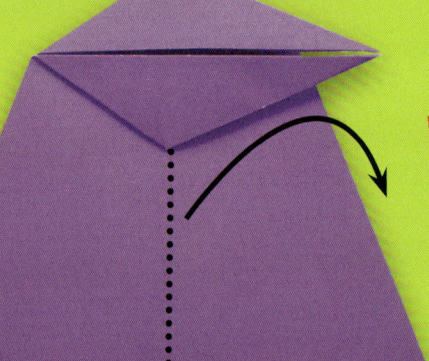

18

Falte die untere Lage mit einer Bergfalte nach hinten, sodass dein Raptor einen Hals hat.

19

Gib deinem Raptor noch Augen. Wenn du den Hals öffnest und schließt, bewegt sich auch der Mund.

ÖFFNEN UND SCHLIESSEN

FERTIG!

ÖFFNEN UND SCHLIESSEN

FLEISCHFRESSER

Lass uns in eine Zeit zurückreisen, in der (Papier-)Monster herrschten. Dieses Kapitel zeigt dir, wie man die gefährlichsten Dinosaurier faltet — die Fleischfresser!

VELOCIRAPTOR

Obwohl er klein und mit Federn bedeckt war, war der Velociraptor ein gefährlicher Räuber. Diese Dinos jagten wahrscheinlich im Rudel – am besten faltest du also eine ganze Gruppe.

GRUND–FORM VOGEL

1 Beginne mit der Grundform „Vogel" (siehe Seite 8). Dann falte die obere Lage der oberen Ecke mit einer Talfalte nach unten.

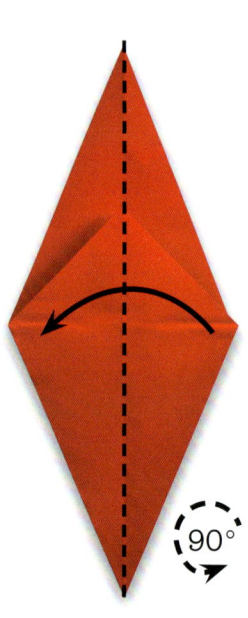

2 Falte die rechte Hälfte nach links. Dann drehe dein Papier um 90° nach links. Die offenen Schlitze sind nun auf der rechten Seite.

90°

ZURÜCKFALTEN

3 Ziehe die linke Ecke nach rechts oben, sodass ein kleines Dreieck entsteht, wie in Schritt 4 gezeigt wird.

4 Drücke dein Papier flach.

FLACHDRÜCKEN

5 Falte die obere Ecke mit einer Talfalte nach unten, wie abgebildet.

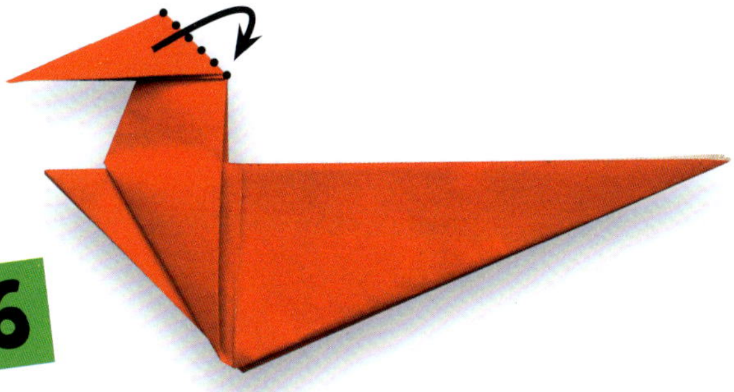

6 Falte sie dann mit einer Bergfalte auch in die andere Richtung. Falte dann daraus einen Gegenbruch nach außen (siehe Seite 5). Das ist der Kopf.

7 Mache einen Gegenbruch nach innen (siehe Seite 5), indem du die Nase in den Kopf drückst.

8 Falte die linke Ecke mit einer Talfalte nach unten, wie abgebildet.

9 Falte sie auch in die andere Richtung, sodass auch eine Bergfalte entsteht. Falte dann einen Gegenbruch nach außen. Das sind die Hände.

10 Falte die rechte Ecke der oberen Lage nach unten links, das ist das erste Bein.

11 Falte die untere Ecke nach links für den ersten Fuß.

12 Dein Papier sollte so aussehen. Wiederhole Schritt 10 und 11 auf der anderen Seite.

13 Zum Schluss kannst du deinem Velociraptor einen Federmantel aufmalen.

MEGALOSAURUS

Dieser Dinosaurier bekam 1824 als Erster einen wissenschaftlichen Namen, welcher soviel wie „riesige Echse" bedeutet. Natürlich war er überhaupt keine Eidechse, sondern ein großer zweibeiniger Jäger, der vor rund 166 Millionen Jahren lebte.

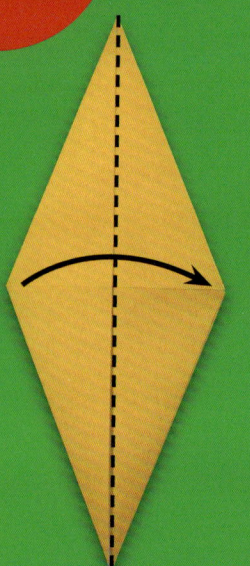

1 Beginne mit der Grundform „Vogel" (siehe Seite 8). Dann falte die linke Hälfte der oberen Lage nach rechts.

2 Dein Papier sollte nun so aussehen. Drehe dein Papier dann um.

WENDEN

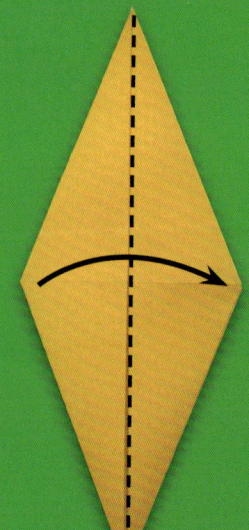

3 Dann falte die linke Hälfte der oberen Lage nach rechts.

4 Dein Papier sollte so aussehen, mit einem Schlitz zwischen den beiden oberen Ecken. Drehe es dann um 90° nach rechts.

90°

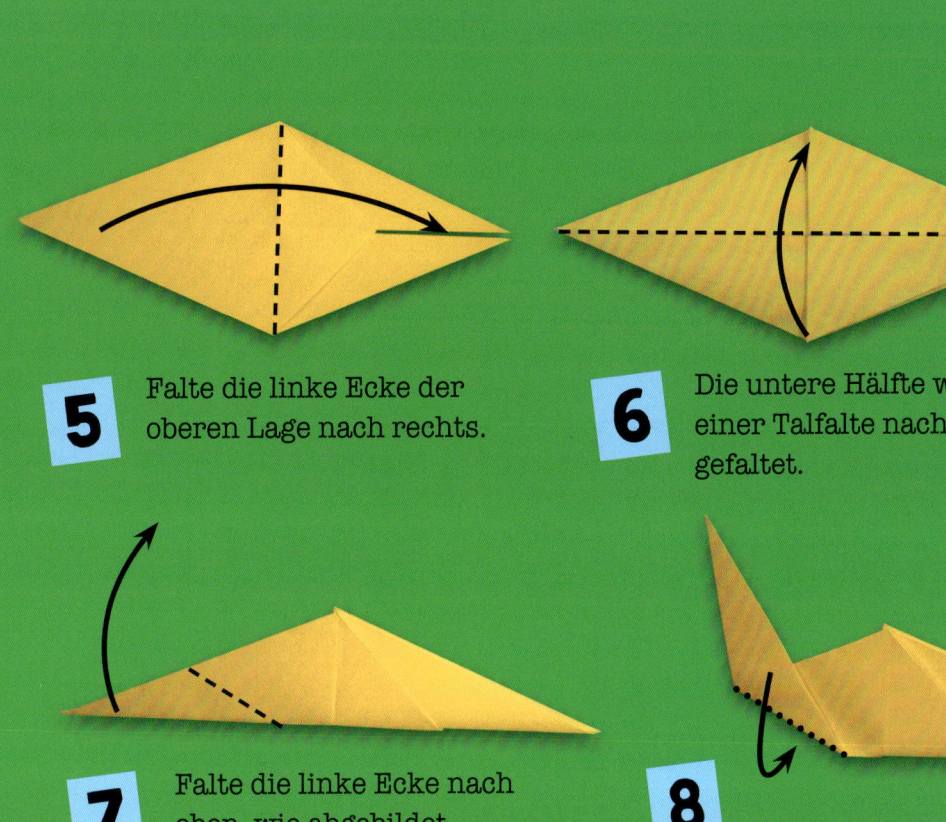

5 Falte die linke Ecke der oberen Lage nach rechts.

6 Die untere Hälfte wird mit einer Talfalte nach oben gefaltet.

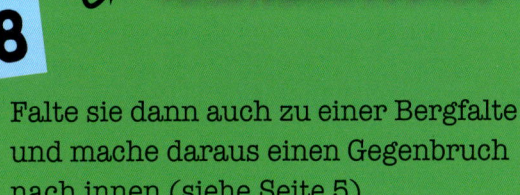

7 Falte die linke Ecke nach oben, wie abgebildet.

8 Falte sie dann auch zu einer Bergfalte und mache daraus einen Gegenbruch nach innen (siehe Seite 5).

9 Die obere linke Ecke wird nach unten gefaltet, wie gezeigt.

10 Mache eine Bergfalte in die andere Richtung und öffne sie wieder.

DRÜCKEN

11 Mache eine weitere diagonale Talfalte unterhalb der Falte von Schritt 9 und 10. Falte daraus auch eine Bergfalte und öffne sie wieder.

12 Drücke die obere linke Ecke nach unten rechts, sodass die Falten eine Stufenfalte bilden. Drücke das Papier flach. Das ist der Kopf.

MEGALOSAURUS FORTSETZUNG ...

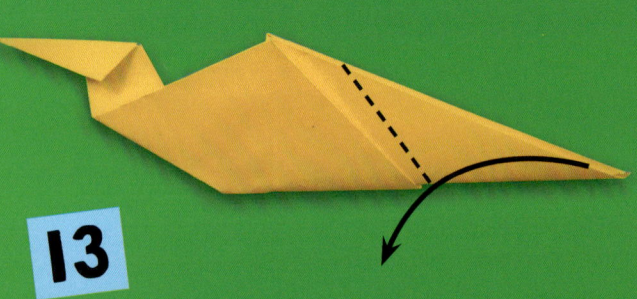

13

Falte die rechte Ecke der oberen Lage nach links unten. Das ist das erste Bein.

WENDEN

14

Dein Papier sollte so aussehen. Drehe das Papier um und wiederhole Schritt 13 auf der anderen Seite.

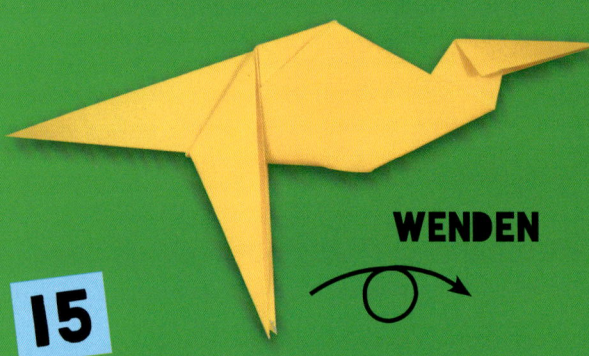

WENDEN

15

Drehe dein Papier wieder um.

16

Falte die untere Ecke der oberen Lage nach rechts für den ersten Fuß.

17

Dein Papier sollte so aussehen. Wiederhole Schritt 16 auf der andere Seite für den anderen Fuß.

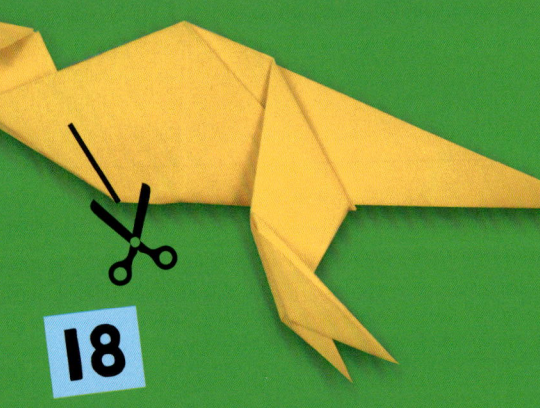

18

Schneide mit der Schere zwischen der offenen und der geschlossenen Seite einen kurzen Schnitt ins Papier, wie abgebildet.

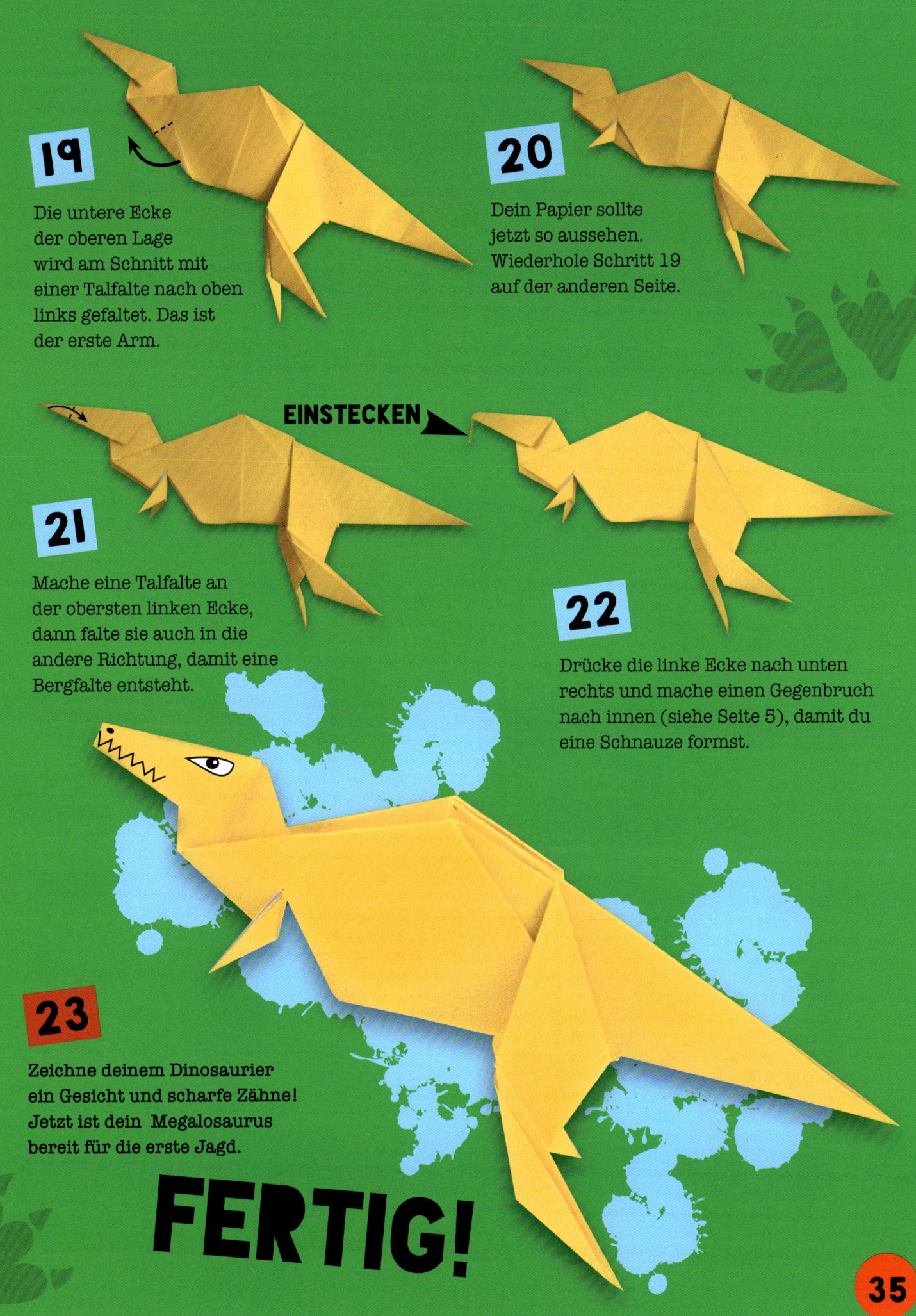

19

Die untere Ecke der oberen Lage wird am Schnitt mit einer Talfalte nach oben links gefaltet. Das ist der erste Arm.

20

Dein Papier sollte jetzt so aussehen. Wiederhole Schritt 19 auf der anderen Seite.

21

Mache eine Talfalte an der obersten linken Ecke, dann falte sie auch in die andere Richtung, damit eine Bergfalte entsteht.

EINSTECKEN ▶

22

Drücke die linke Ecke nach unten rechts und mache einen Gegenbruch nach innen (siehe Seite 5), damit du eine Schnauze formst.

23

Zeichne deinem Dinosaurier ein Gesicht und scharfe Zähne! Jetzt ist dein Megalosaurus bereit für die erste Jagd.

FERTIG!

T. REX

Mit einer Länge wie ein Bus, scharfer Sehkraft und einem Mund voller rasiermesserscharfer Zähne, war der Tyrannosaurus Rex eine der gefährlichsten Kreaturen, die je auf der Erde lebten.

GRUND–FORM VOGEL

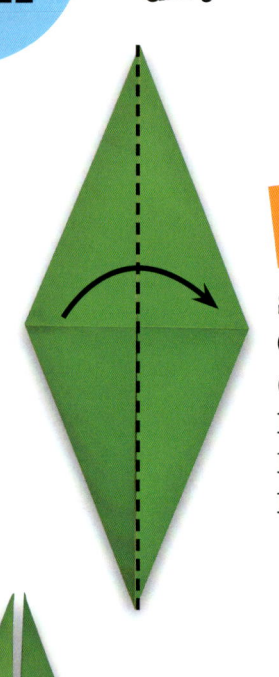

1
Starte mit der Grundform „Vogel" (siehe Seite 8). Dann falte die linke Ecke der oberen Lage nach rechts.

ZURÜCKFALTEN

2
Nimm die rechte hintere Klappe und falte sie nach hinten links, sodass oben zwei Spitzen sichtbar sind, wie in Schritt 3.

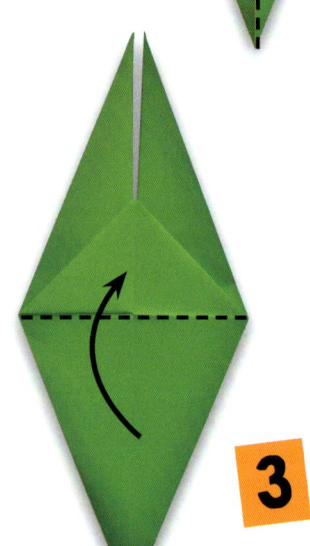

3
Falte die untere Ecke der oberen Lage nach oben.

4
Falte die untere Ecke der oberen Lage der rechten Klappe zur Mitte.

5
Wiederhole dies auf der anderen Seite.

6

Dein Papier sollte jetzt so aussehen. Drehe dein Papier dann um.

ZIEHEN

7

Ziehe vorsichtig die rechte obere Ecke in die Position von Schritt 8.

WENDEN

ZIEHEN

8

Schritt 7 auf der anderen Seite wiederholen. Die mittlere Ecke der oberen Schicht mit einer Bergfalte nach hinten falten.

9

Den unteren Teil mit einer Talfalte nach rechts oben falten, wie abgebildet.

10

Dein Papier sollte jetzt so aussehen.

11

Öffne die Falte wieder und falte den unteren Teil mit einer Talfalte nach links oben.

12

FALTLINIE

Öffne die Falte wieder. Jetzt sind die Faltlinien zu sehen, wie abgebildet.

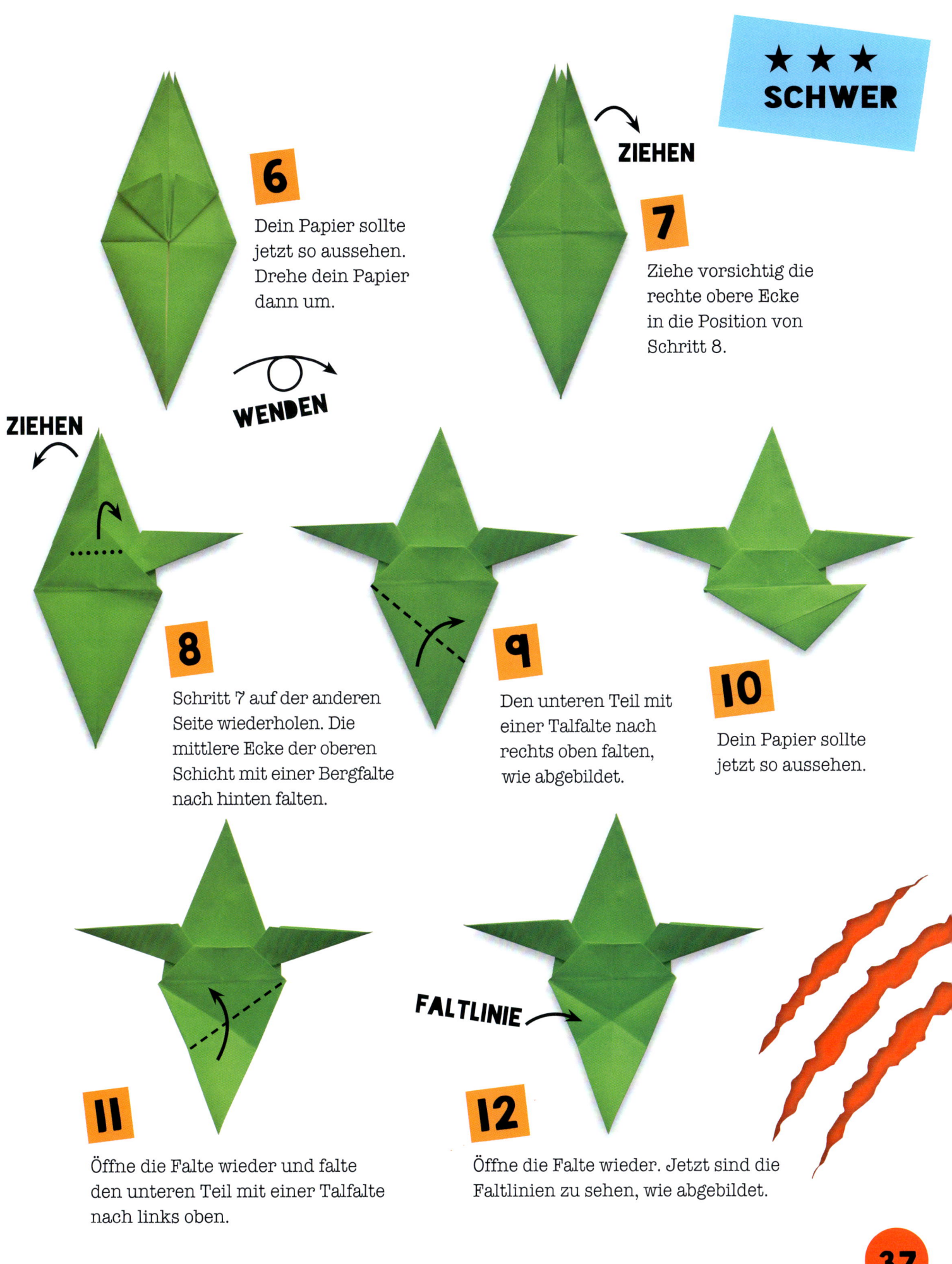

DRÜCKEN

13

Drücke die linke Seite des unteren
Dreiecks nach innen, um die gezeigte
Form zu erhalten.

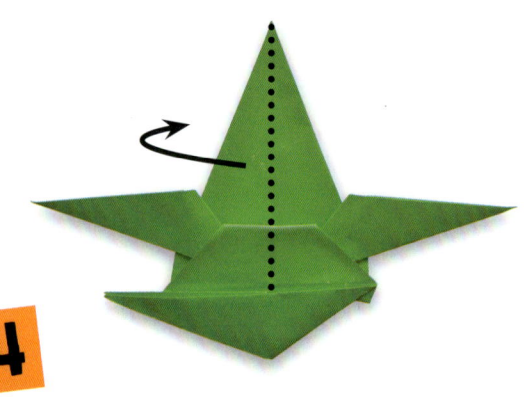

14

Glätte den unteren Teil zu einem
Dreieck. Falte dann die linke Hälfte mit
einer Bergfalte hinter die rechte Hälfte.

15

Drehe dein Papier,
bis das untere
Dreieck oben ist,
wie bei Schritt 16.

135°

16

Falte die obere
Ecke mit einer
Bergfalte nach
hinten und mit
einer Talfalte
wieder nach
vorne.

17

Falte einen Gegenbruch
nach außen (siehe Seite 5),
um den Kopf zu erhalten.

18

Stecke die Spitze der
Nase nach hinten, damit
sie stumpf wird.

DRÜCKEN

19

Mache eine Talfalte, wie abgebildet. Drücke sie nach unten
und zurück, um den Kopf
nach unten zu bringen.

20 Falte die untere linke Spitze der oberen Lage mit einer Talfalte nach rechts.

21 Falte sie mit einer Bergfalte wieder zurück und mache einen Gegenbruch nach innen (siehe Seite 5).

22 Drücke dein Papier flach.

FLACHDRÜCKEN

23 Ziehe die Fußspitze nach vorne und mache einen weiteren Gegenbruch nach innen, das ist der Fuß.

24 Wiederhole die Schritte 20 bis 23 auf der anderen Seite.

25 Drücke den Kopf noch etwas nach unten, damit er groß und beängstigend aussieht. Jetzt hast du den König der Dinosaurier geschaffen!

FERTIG!

SPINOSAURUS

Dieses wilde Raubtier hatte einen riesigen Kamm auf dem Rücken. Es verbrachte wahrscheinlich viel Zeit am Wasser und jagte Fische und andere Meereslebewesen.

GRUND-FORM VOGEL

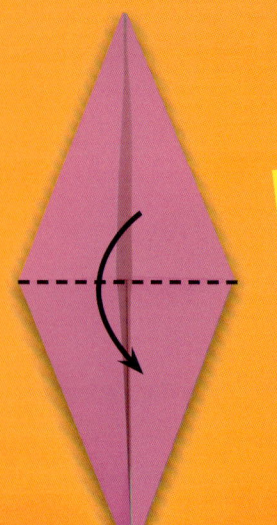

1

Beginne mit der Grundform „Vogel" (siehe Seite 8). Dann falte die obere Ecke der oberen Lage mit einer Talfalte nach unten.

2

Falte die obere Ecke der unteren Lage mit einer Bergfalte nach hinten.

3

Dein Papier sollte jetzt so aussehen. Falte dann die obere Ecke an den waagrechten Falz und öffne es wieder.

4

Falte die obere Ecke an die Kante, die bei Schritt 3 entstand.

5

Jetzt sollte dein Papier so aussehen. Öffne dann die Falte vom vorherigen Schritt.

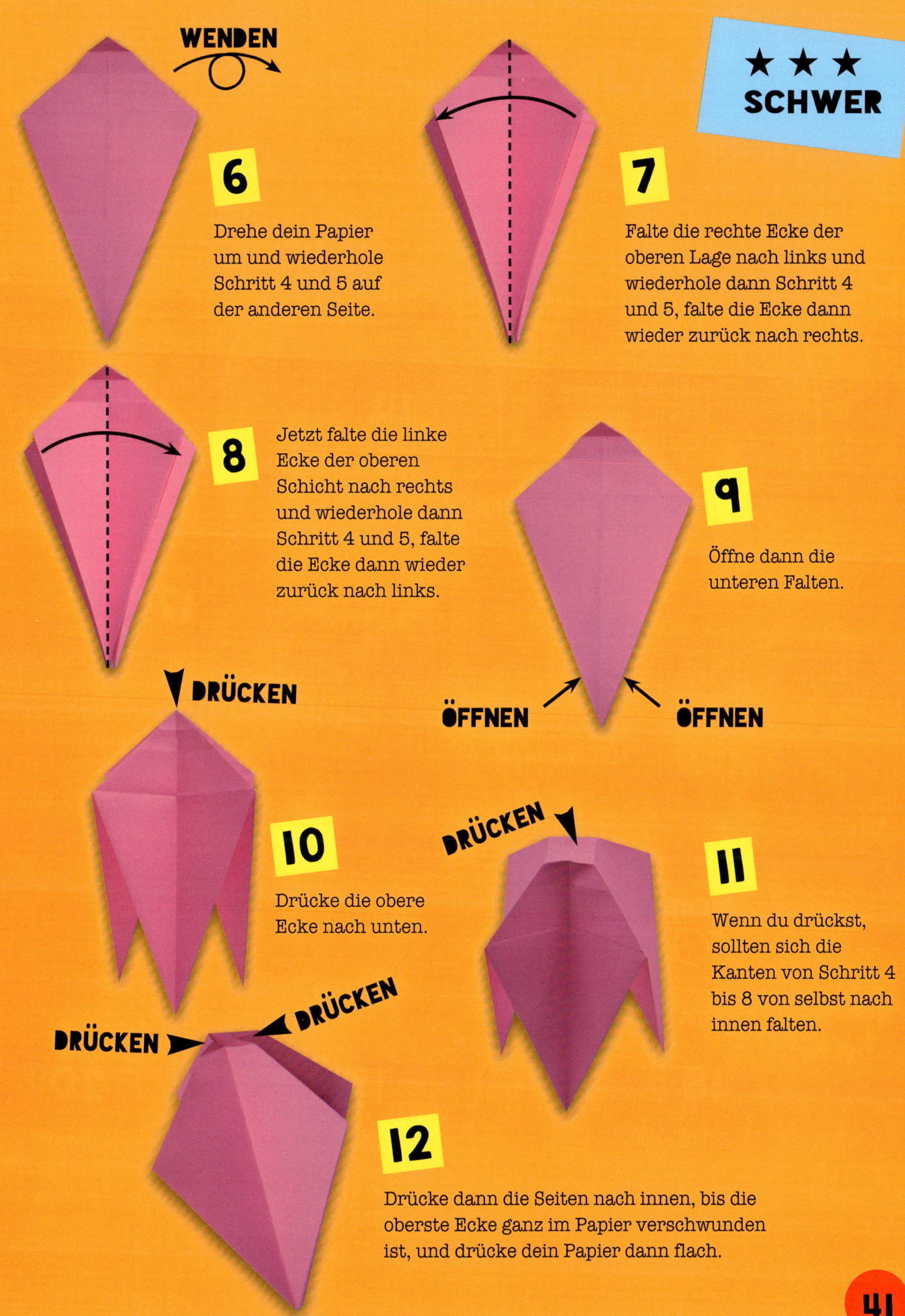

WENDEN

6

Drehe dein Papier um und wiederhole Schritt 4 und 5 auf der anderen Seite.

7

Falte die rechte Ecke der oberen Lage nach links und wiederhole dann Schritt 4 und 5, falte die Ecke dann wieder zurück nach rechts.

8

Jetzt falte die linke Ecke der oberen Schicht nach rechts und wiederhole dann Schritt 4 und 5, falte die Ecke dann wieder zurück nach links.

9

Öffne dann die unteren Falten.

ÖFFNEN   **ÖFFNEN**

DRÜCKEN

10

Drücke die obere Ecke nach unten.

DRÜCKEN

11

Wenn du drückst, sollten sich die Kanten von Schritt 4 bis 8 von selbst nach innen falten.

DRÜCKEN   **DRÜCKEN**

12

Drücke dann die Seiten nach innen, bis die oberste Ecke ganz im Papier verschwunden ist, und drücke dein Papier dann flach.

13

Falte die unterste Ecke der oberen Lage nach oben rechts, wie abgebildet.

14

Öffne sie wieder.

ÖFFNEN

15

Falte die unterste Ecke der oberen Lage nach oben links.

16

Die oberste linke Ecke wird zur Hälfte nach rechts an die Mittelkante gefaltet.

DRÜCKEN

17

Wenn du die linke Ecke über die Hälfte gefaltet hast, drückst du das Papier nach oben, sodass eine Tasche entsteht.

WENDEN

FLACHDRÜCKEN

18

Drücke dein Papier flach und drehe es dann um.

19

Falte die unterste Ecke der oberen Lage nach oben links und öffne es wieder.

20

Falte die unterste Ecke der oberen Lage nach oben rechts.

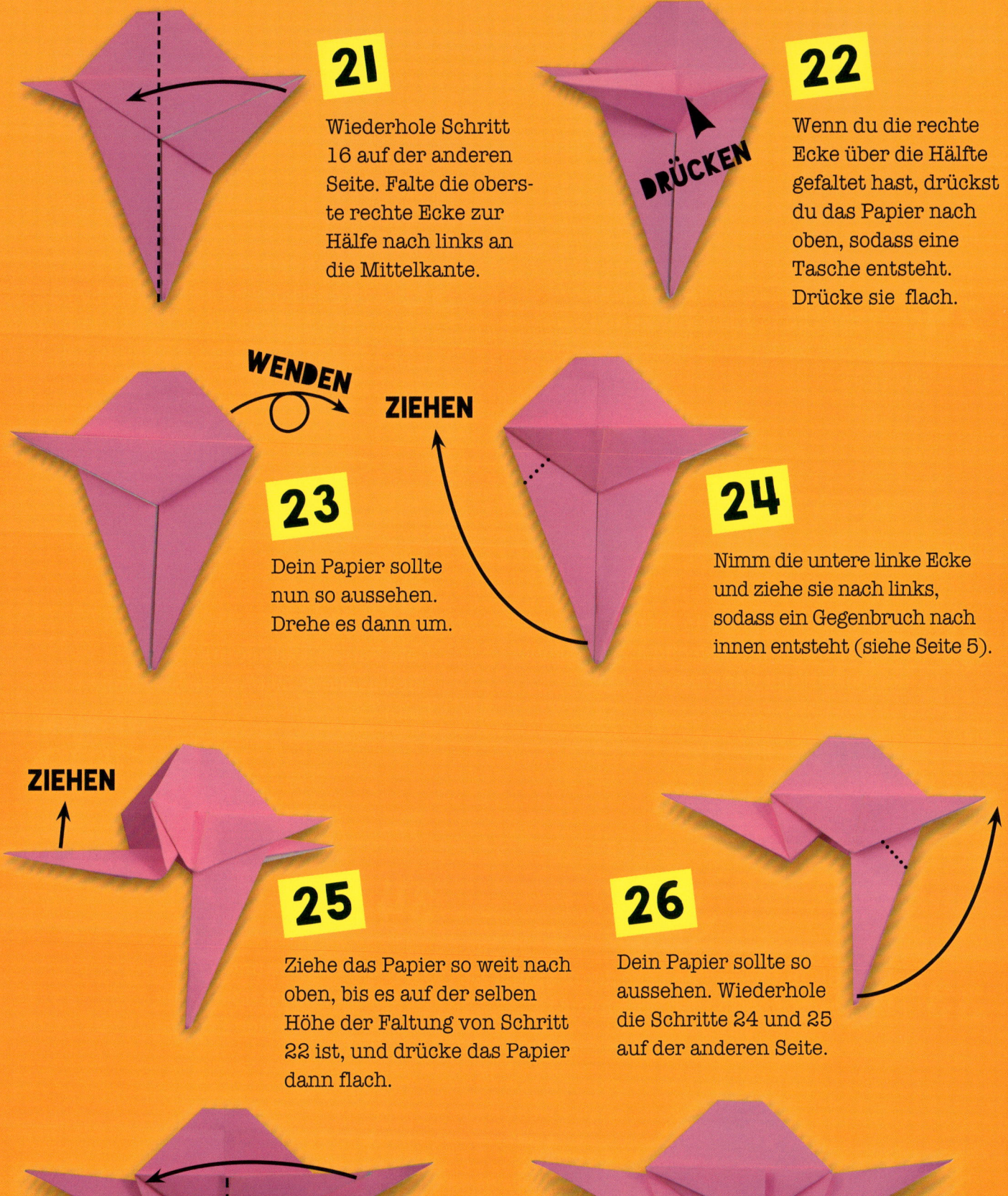

21

Wiederhole Schritt 16 auf der anderen Seite. Falte die oberste rechte Ecke zur Hälfte nach links an die Mittelkante.

DRÜCKEN

22

Wenn du die rechte Ecke über die Hälfte gefaltet hast, drückst du das Papier nach oben, sodass eine Tasche entsteht. Drücke sie flach.

WENDEN

ZIEHEN

23

Dein Papier sollte nun so aussehen. Drehe es dann um.

24

Nimm die untere linke Ecke und ziehe sie nach links, sodass ein Gegenbruch nach innen entsteht (siehe Seite 5).

ZIEHEN

25

Ziehe das Papier so weit nach oben, bis es auf der selben Höhe der Faltung von Schritt 22 ist, und drücke das Papier dann flach.

26

Dein Papier sollte so aussehen. Wiederhole die Schritte 24 und 25 auf der anderen Seite.

27 Falte die zweite Ecke, wie gezeigt, mit einer Talfalte von rechts nach links.

28 Falte die unterste Ecke mit einer Bergfalte nach hinten.

SPINOSAURUS FORTSETZUNG ...

WENDEN

29 Nimm die Ecke, die du bei Schritt 27 nach links gefalten hast und falte sie nach rechts unten.

30 Drehe dein Papier um und wiederhole die Schritte 27 bis 29 auf der anderen Seite. Dann drehe das Papier wieder zurück.

31 Mache eine Bergfalte in die obere Lage der rechten Seite, wie abgebildet. Wiederhole den Schritt mit der unteren Lage.

32 Dein Papier sollte so aussehen. Wiederhole Schritt 31 auf der linke Seite.

WENDEN

33 Falte die untere rechte Ecke der oberen Lage nach links für den ersten Fuß.

34 Drehe dein Papier um und wiederhole Schritt 33 auf der anderen Seite für den Fuß.

35 Falte die rechte Seite der oberen Lage mit einer Bergfalte nach hinten, wie abgebildet. Wiederhole den Schritt mit der hinteren Lage, das ist der Schwanz.

36 Falte die linke Ecke mit einer Talfalte nach oben rechts.

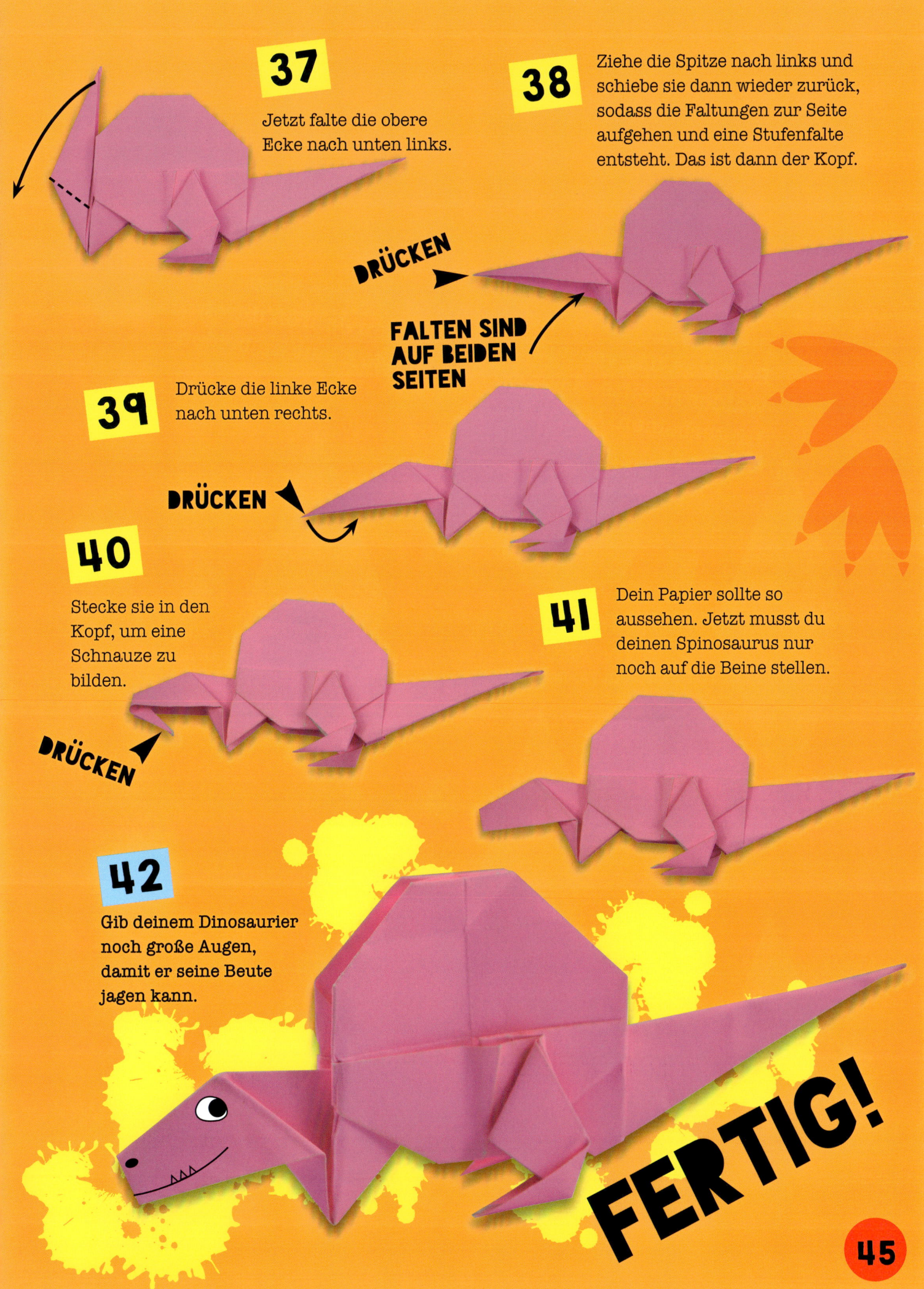

37 Jetzt falte die obere Ecke nach unten links.

38 Ziehe die Spitze nach links und schiebe sie dann wieder zurück, sodass die Faltungen zur Seite aufgehen und eine Stufenfalte entsteht. Das ist dann der Kopf.

DRÜCKEN ▶

FALTEN SIND AUF BEIDEN SEITEN

39 Drücke die linke Ecke nach unten rechts.

DRÜCKEN ◀

40 Stecke sie in den Kopf, um eine Schnauze zu bilden.

DRÜCKEN ◀

41 Dein Papier sollte so aussehen. Jetzt musst du deinen Spinosaurus nur noch auf die Beine stellen.

42 Gib deinem Dinosaurier noch große Augen, damit er seine Beute jagen kann.

FERTIG!

45

UTAHRAPTOR

Dieser Dinosaurier war ein schnelles, wendiges Raubtier, das vor rund 125 Millionen Jahren durch die Wälder streifte. Es hatte eine riesige Klaue an beiden Hinterbeinen.

GRUND-FORM FISCH

1

Beginne mit der Grundform „Fisch" (siehe Seite 6). Drehe dein Papier um 180°.

180°

2

Falte die linke Ecke an die Mittelkante.

3

Falte die rechte Ecke an die Mittelkante.

4

Dein Papier sollte jetzt so aussehen. Öffne die Faltungen von Schritt 2 und 3.

DRÜCKEN DRÜCKEN

5

Drücke die beiden Seiten zusammen, wie abgebildet.

6

Drücke weiter, bis dein Papier aussieht, wie abgebildet.

KNICK   KNICK

KNICK   KNICK

7

Wenn sich die beiden Seiten berühren, falte dann die untere Ecke nach oben.

8

Drücke dein Papier flach.

FLACHDRÜCKEN

FLACHDRÜCKEN   FLACHDRÜCKEN

9

Falte dann die Ecke mit einer Bergfalte wieder nach unten, wie abgebildet.

10

Dein Papier sollte jetzt so aussehen. Öffne die beiden mittleren Spitzen, wie abgebildet.

ÖFFNEN   ÖFFNEN

DRÜCKEN

ANHEBEN

11

Falte die obere linke Kante an die Mittelkante, wie abgebildet. Hebe dabei die linke Ecke an, sodass diese in die Luft zeigt.

12

Wenn dein Papier so aussieht, drücke eine Spitze in die Mitte, sodass es aussieht wie in Schritt 13.

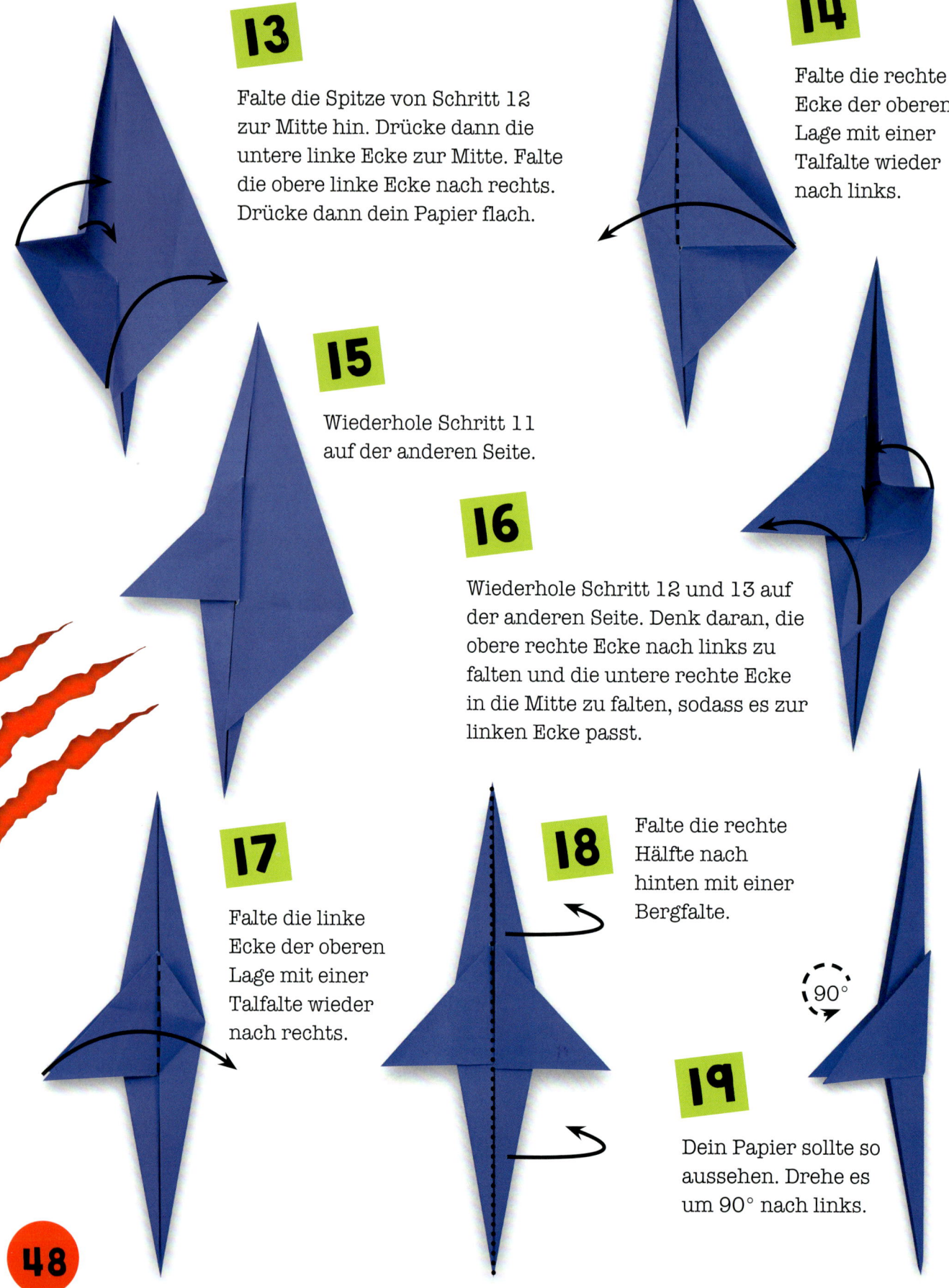

13

Falte die Spitze von Schritt 12 zur Mitte hin. Drücke dann die untere linke Ecke zur Mitte. Falte die obere linke Ecke nach rechts. Drücke dann dein Papier flach.

14

Falte die rechte Ecke der oberen Lage mit einer Talfalte wieder nach links.

15

Wiederhole Schritt 11 auf der anderen Seite.

16

Wiederhole Schritt 12 und 13 auf der anderen Seite. Denk daran, die obere rechte Ecke nach links zu falten und die untere rechte Ecke in die Mitte zu falten, sodass es zur linken Ecke passt.

17

Falte die linke Ecke der oberen Lage mit einer Talfalte wieder nach rechts.

18

Falte die rechte Hälfte nach hinten mit einer Bergfalte.

90°

19

Dein Papier sollte so aussehen. Drehe es um 90° nach links.

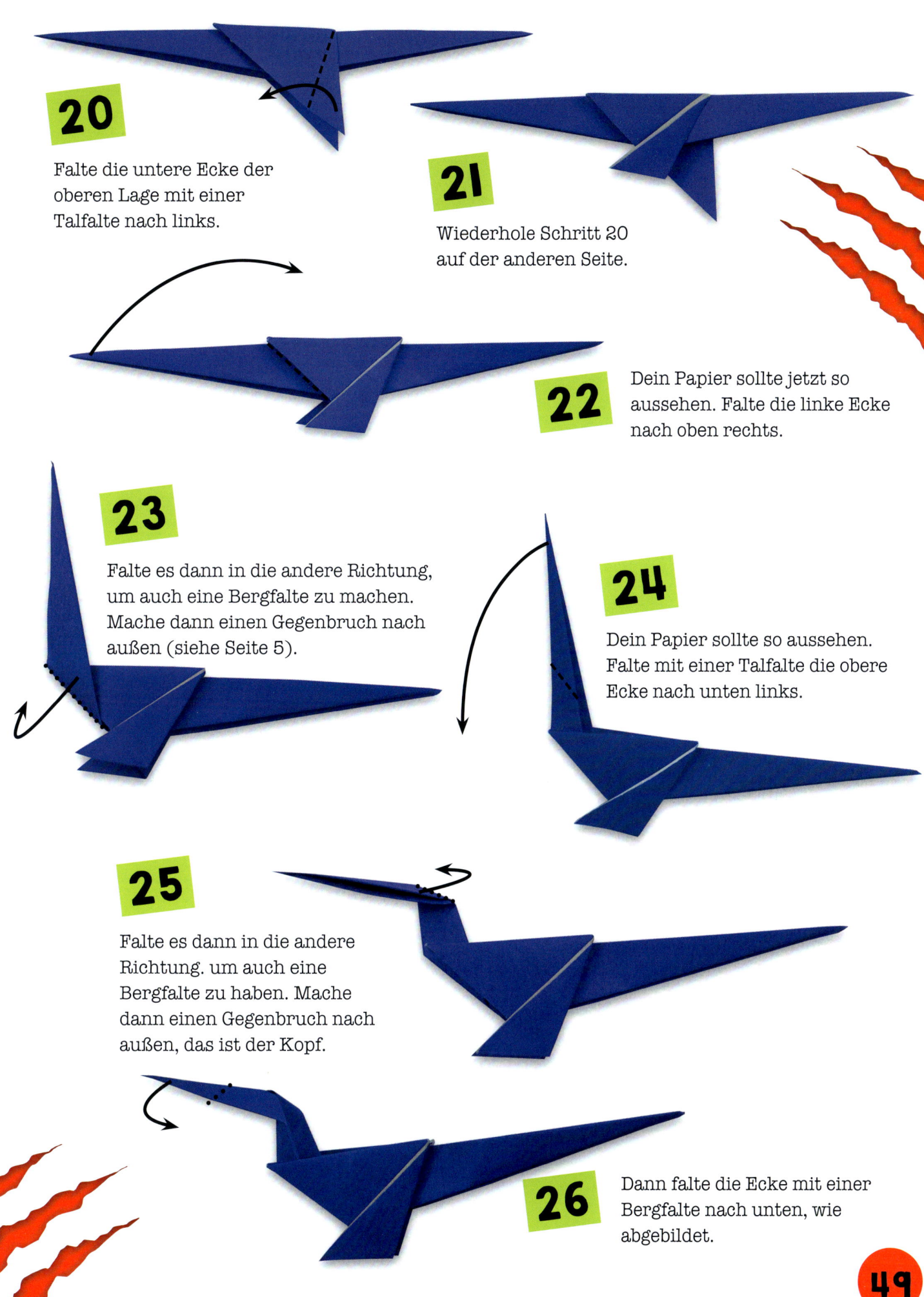

20

Falte die untere Ecke der oberen Lage mit einer Talfalte nach links.

21

Wiederhole Schritt 20 auf der anderen Seite.

22

Dein Papier sollte jetzt so aussehen. Falte die linke Ecke nach oben rechts.

23

Falte es dann in die andere Richtung, um auch eine Bergfalte zu machen. Mache dann einen Gegenbruch nach außen (siehe Seite 5).

24

Dein Papier sollte so aussehen. Falte mit einer Talfalte die obere Ecke nach unten links.

25

Falte es dann in die andere Richtung. um auch eine Bergfalte zu haben. Mache dann einen Gegenbruch nach außen, das ist der Kopf.

26

Dann falte die Ecke mit einer Bergfalte nach unten, wie abgebildet.

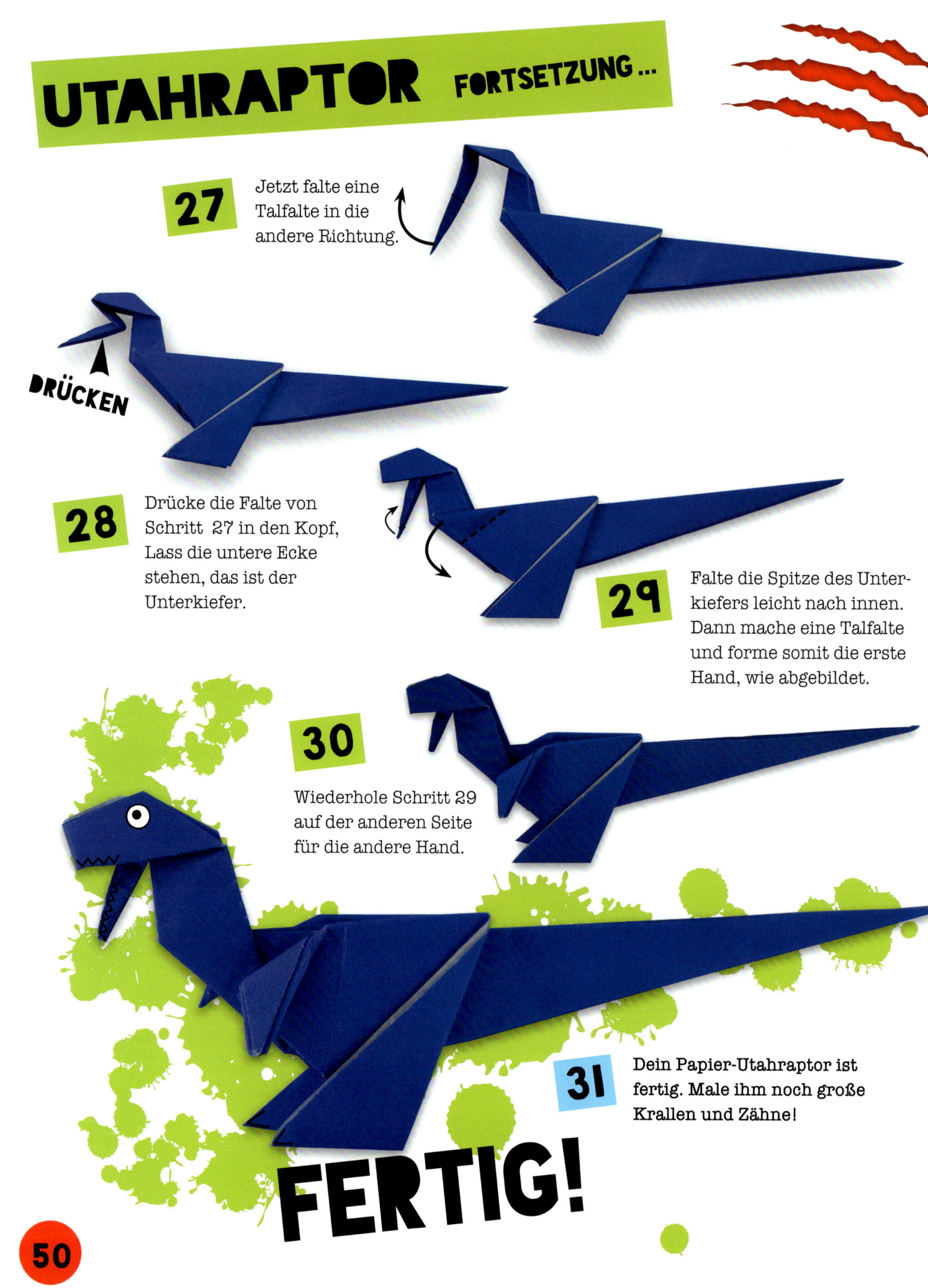

27 Jetzt falte eine Talfalte in die andere Richtung.

DRÜCKEN

28 Drücke die Falte von Schritt 27 in den Kopf, Lass die untere Ecke stehen, das ist der Unterkiefer.

29 Falte die Spitze des Unterkiefers leicht nach innen. Dann mache eine Talfalte und forme somit die erste Hand, wie abgebildet.

30 Wiederhole Schritt 29 auf der anderen Seite für die andere Hand.

31 Dein Papier-Utahraptor ist fertig. Male ihm noch große Krallen und Zähne!

FERTIG!

PFLANZENFRESSER

Hier findest du sieben Pflanzenfresser zum Falten.
Manche haben einen langen Hals,
einige Hörner und Kämme und andere
einen stacheligen Rücken.

IGUANODON

Der Iguanodon hatte richtige, stachelige Daumen, mit denen er gegen Raubtiere kämpfte. Für diesen Origami-Dino brauchst du zwei Blatt Papier: eines für den Körper und eines für die Beine.

KÖRPER

GRUNDFORM DRACHE

1

Beginne mit der Grundform „Drache" (siehe Seite 6). Drehe das Papier dann um 180°.

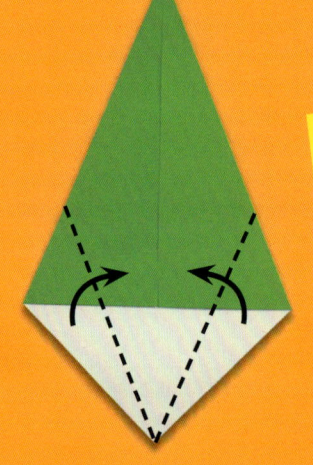

2

Falte die untere rechte und linke Ecke zur Mitte.

3

Falte die rechte Hälfte mit einer Bergfalte hinter die linke Hälfte.

4

Falte die obere Ecke mit einer Talfalte nach links.

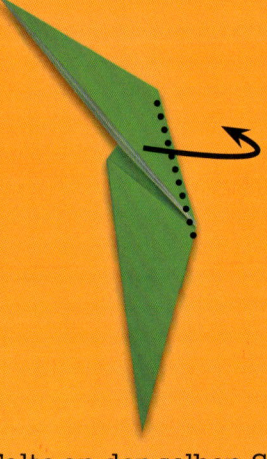

5

Falte an der selben Stelle auch eine Bergfalte. Dann mache einen Gegenbruch nach innen (siehe Seite 5).

6

Dein Papier sollte so aussehen. Falte die obere Ecke nach unten, wie abgebildet

ÖFFNEN

7

Öffne die Faltung von Schritt 6 wieder.

ÖFFNEN

8

Falte die Spitze mit einer Talfalte zurück — dieses mal nach rechts.

9

Öffne die Faltung von Schritt 8 wieder.

DRÜCKEN

10

Öffne die Spitze etwas und drücke die Kante über die beiden Falten, die du in Schritt 6 bis 8 gemacht hast, nach unten, um eine Stufenfalte zu machen. Das ist der Kopf.

11

Dein Papier sollte nun so aussehen. Falte das Ende des Kopfes nach hinten, wie abgebildet.

STECKEN

12

Stecke die Faltung in den Kopf.

13

Dein Iguanodon-Körper ist fertig. Lege ihn zur Seite und mache mit den Beinen weiter.

BEINE

GRUND-
FORM
WASSER-
BOMBE

90°

1 Nehme das andere Blatt Papier und beginne mit der Grundform „Wasserbombe" (siehe Seite 7). Drehe es um 90° nach links, sodass die Dreiecksspitze nach links zeigt.

2 Mache mit der linken Ecke eine Talfalte an die rechten Kante.

ÖFFNEN

3 Öffne die Faltung von Schritt 2 wieder.

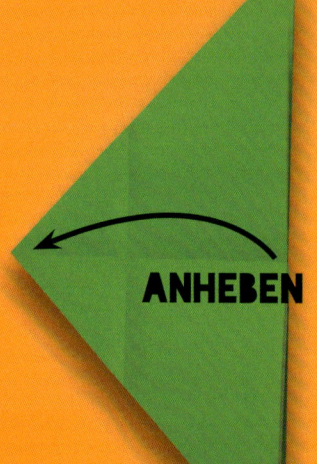

ANHEBEN

4 Hebe die rechte Seite der oberen Lage und ziehe sie nach links, sodass zwei Taschenformen entstehen.

FLACHDRÜCKEN

FLACHDRÜCKEN

5 Dein Papier sollte nun so aussehen. Drücke die obere und die untere Kante herunter, sodass zwei weiße Dreiecke entstehen.

6

Falte die linke Kante (mit dem grünen Dreieck auf der Rückseite) zur Mittellinie.

7

Mache vier Talfalten, wie abgebildet. Das sind die Füße. Drehe jetzt das Papier um 180°.

180°

8

Gib etwas Kleber auf die gekennzeichneten Stellen. Dann hole den Iguanodon-Körper.

9

Lege den Körper zwischen die Beine. Falte den oberen Teil der Beine nach unten.

10

Drücke die Beine fest nach unten, sodass die Beine gut am Körper haften. Jetzt ist dein Iguanodon bereit, ein paar Blätter zu essen.

BRACHIOSAURUS

Dieser Dino erinnert ein bisschen an eine riesige Giraffe. Er war eine der größten Kreaturen, die je gelebt haben. Du brauchst eine Schere, um diesen Dino zu falten.

GRUND-FORM DRACHE

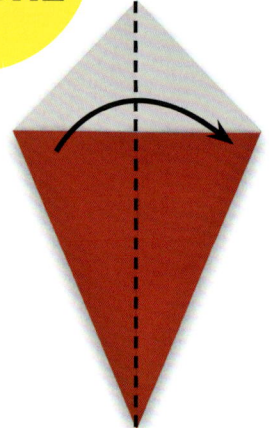

1 Starte mit der Grundform „Drache" (siehe Seite 6), dann falte die linke Hälfte nach rechts.

2 Drehe dein Papier nach links, sodass es zu Schritt 3 passt.

3 Falte die obere Ecke nach rechts, wie abgebildet.

4 Falte sie auch in die andere Richtung, sodass auch eine Bergfalte entsteht. Dann mache einen Gegenbruch nach außen (siehe Seite 5).

FLACHDRÜCKEN ◄

5 Dein Papier sollte nun so aussehen. Drücke es dann flach.

6 Falte die obere Ecke nach links, wie abgebildet.

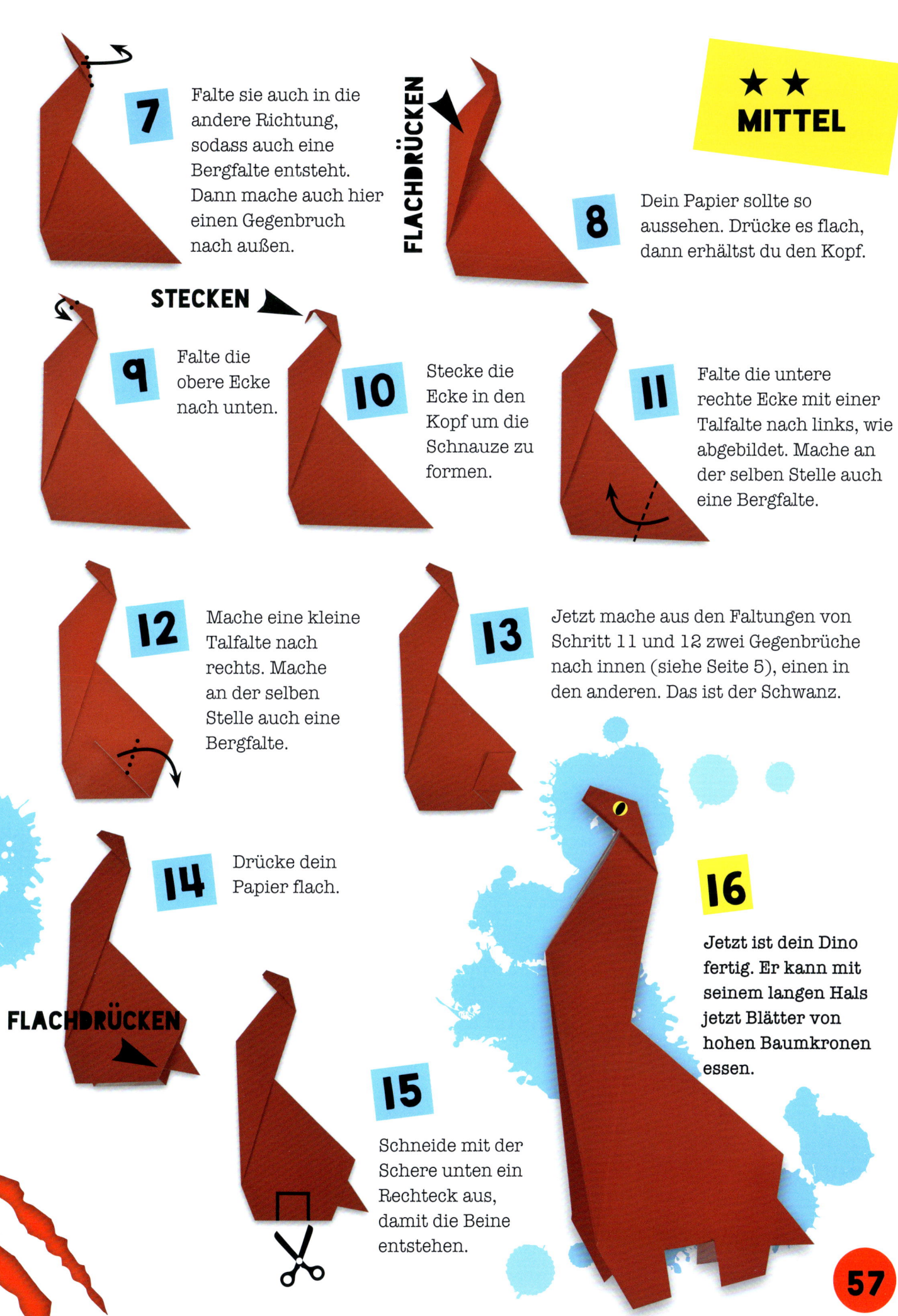

7 Falte sie auch in die andere Richtung, sodass auch eine Bergfalte entsteht. Dann mache auch hier einen Gegenbruch nach außen.

FLACHDRÜCKEN

8 Dein Papier sollte so aussehen. Drücke es flach, dann erhältst du den Kopf.

STECKEN

9 Falte die obere Ecke nach unten.

10 Stecke die Ecke in den Kopf um die Schnauze zu formen.

11 Falte die untere rechte Ecke mit einer Talfalte nach links, wie abgebildet. Mache an der selben Stelle auch eine Bergfalte.

12 Mache eine kleine Talfalte nach rechts. Mache an der selben Stelle auch eine Bergfalte.

13 Jetzt mache aus den Faltungen von Schritt 11 und 12 zwei Gegenbrüche nach innen (siehe Seite 5), einen in den anderen. Das ist der Schwanz.

14 Drücke dein Papier flach.

FLACHDRÜCKEN

15 Schneide mit der Schere unten ein Rechteck aus, damit die Beine entstehen.

16 Jetzt ist dein Dino fertig. Er kann mit seinem langen Hals jetzt Blätter von hohen Baumkronen essen.

57

PARASAUROLOPHUS

Dieser Dino hatte einen langen Kamm auf seinem Kopf, den er vermutlich benutzte, um andere Dinos zu rufen — ein bisschen wie mit einer Trompete. Du brauchst dafür zwei Blatt Papier.

BEINE

1

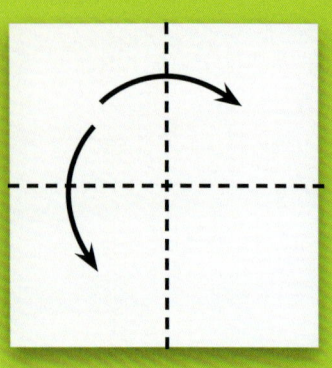

Beginnen wir mit den Beinen. Lege die bunte Seite nach unten, eine Kante soll zu dir zeigen. Falte die obere Hälfte nach unten und öffne sie wieder. Falte dann die linke Hälfte nach rechts und öffne sie wieder.

2

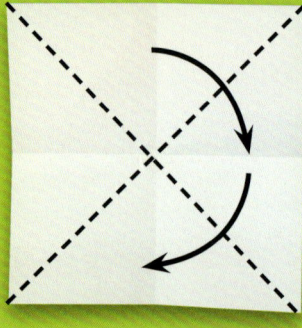

Falte die linke obere Ecke diagonal nach unten rechts und öffne sie wieder. Dann falte die rechte obere Ecke diagonal nach unten links und öffne sie wieder.

3

Falte die obere linke Ecke zum Mittelpunkt.

4

Wiederhole Schritt 3 mit den restlichen Ecken.

5

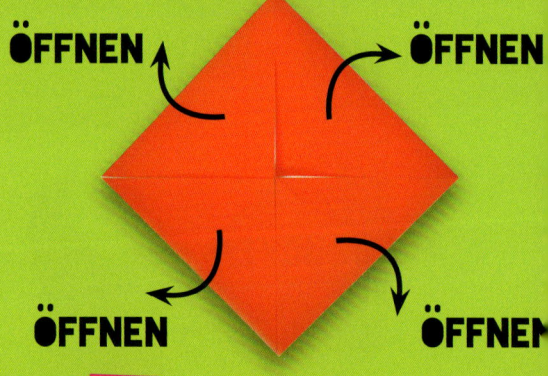

ÖFFNEN ÖFFNEN ÖFFNEN ÖFFNEN

Öffne die Faltungen von Schritt 3 und 4 wieder.

6 Falte die linke Kante nach rechts an die Mittellinie.

7 Wiederhole Schritt 6 auf der rechten Seite.

ÖFFNEN

8 Falte die obere Kante nach unten zur Mittellinie.

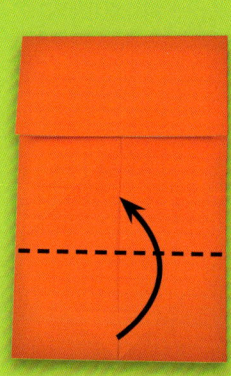

9 Falte die untere Kante nach oben zur Mittellinie.

10 Öffne die Faltung von Schritt 8 ein wenig.

FLACHDRÜCKEN

11 Ziehe die linke mittlere Ecke der unteren Lage nach unten links, sodass ein Dreieck entsteht, wie bei Schritt 12 gezeigt.

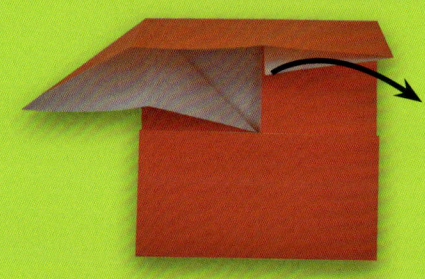

12 Wiederhole Schritt 11 auf der rechten Seite.

13 Drücke das Papier flach.

14 Dein Papier sollte nun so aussehen. Wiederhole Schritt 10 bis 13 an der Unterseite.

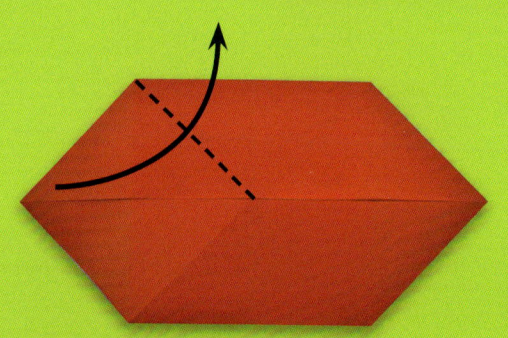

15 Falte die obere linke Ecke nach oben, wie abgebildet.

16 Wiederhole Schritt 15 auf der rechten Seite.

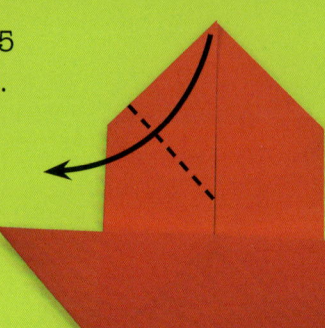

17 Falte die obere linke Spitze nach links unten, wie abgebildet.

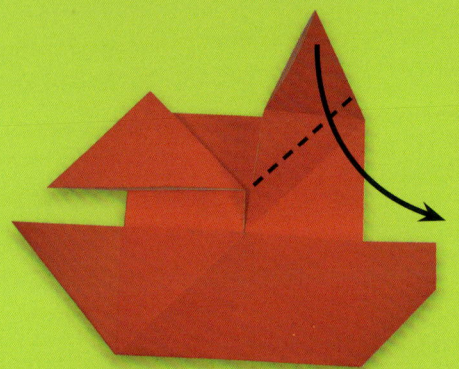

18 Wiederhole Schritt 17 auf der rechten Seite

WENDEN

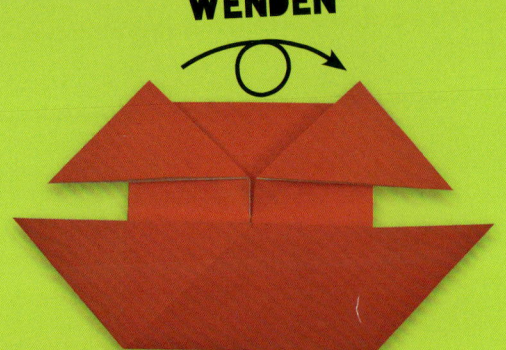

19 Dein Papier sollte so aussehen. Drehe das Papier dann um.

20 Falte die obere Kante nach unten, sodass zwei kleine Dreiecke nach unten zeigen.

21 Falte die untere Kante auf die Höhe der beiden unteren Ecken.

22 Falte die untere linke Ecke und die untere rechte Ecke so, dass sie direkt zu dir zeigen.

23 Das sind die Beine deines Parasaurolophus. Lege sie zur Seite und mache mit dem Körper weiter.

1 Nimm das andere Blatt Papier und lege die bunte Seite nach unten, eine Spitze zeigt zu dir. Falte die rechte Hälfte nach links und öffne sie wieder.

2 Falte die untere rechte Kante hoch zur oberen linken Kante.

3 Öffne die Faltung von Schritt 2 wieder.

ÖFFNEN

4 Falte die rechte Ecke nach links, sodass die Spitze an die Falte von Schritt 2 stößt.

5 Falte die linke Ecke nach unten, wie in Schritt 6 abgebildet.

6 Falte die obere linke Ecke zur Mittellinie.

7 Falte die untere linke Ecke zur Mittellinie.

8 Wiederhole Schritt 7 auf der rechten Seite.

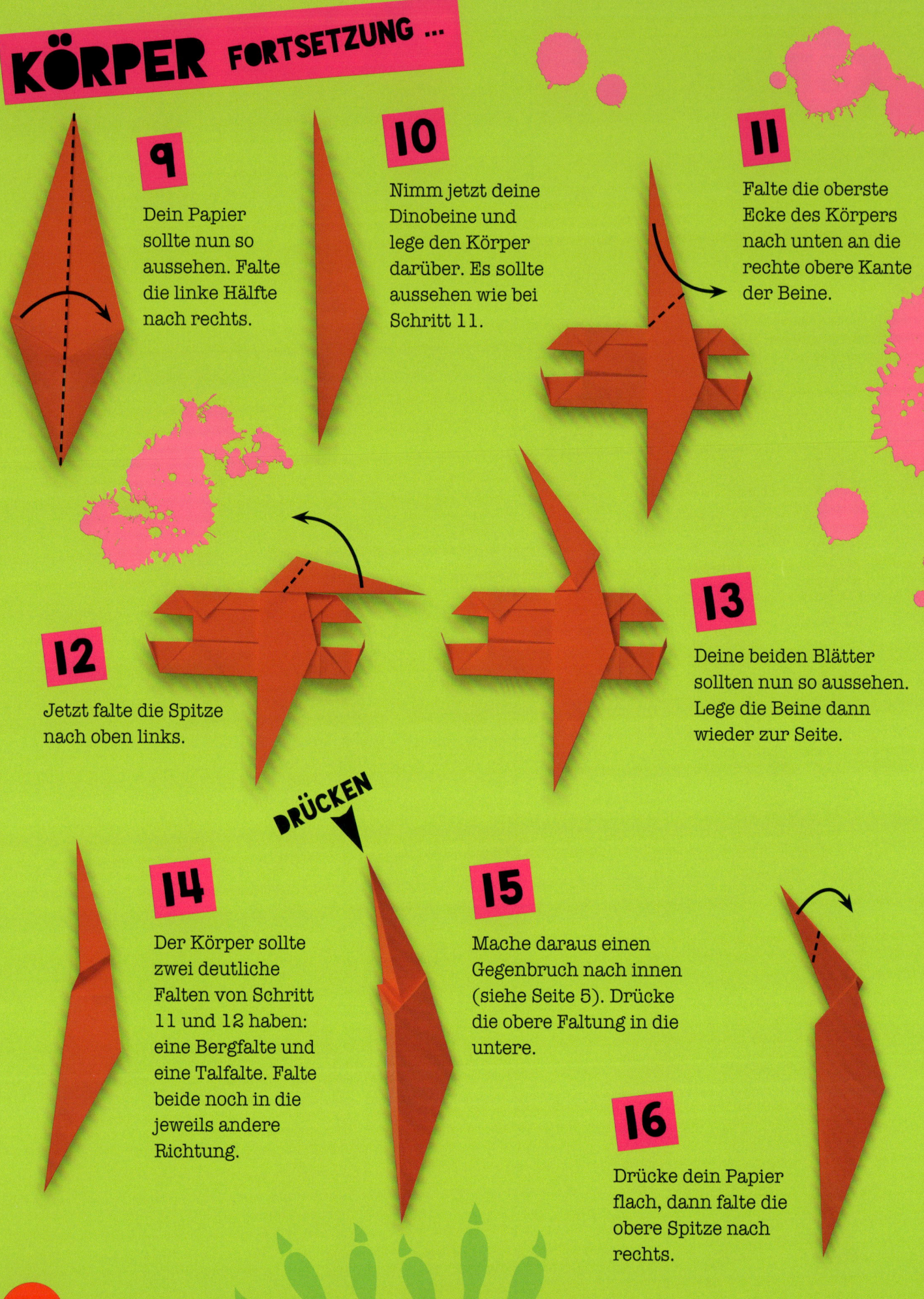

9

Dein Papier sollte nun so aussehen. Falte die linke Hälfte nach rechts.

10

Nimm jetzt deine Dinobeine und lege den Körper darüber. Es sollte aussehen wie bei Schritt 11.

11

Falte die oberste Ecke des Körpers nach unten an die rechte obere Kante der Beine.

12

Jetzt falte die Spitze nach oben links.

13

Deine beiden Blätter sollten nun so aussehen. Lege die Beine dann wieder zur Seite.

DRÜCKEN

14

Der Körper sollte zwei deutliche Falten von Schritt 11 und 12 haben: eine Bergfalte und eine Talfalte. Falte beide noch in die jeweils andere Richtung.

15

Mache daraus einen Gegenbruch nach innen (siehe Seite 5). Drücke die obere Faltung in die untere.

16

Drücke dein Papier flach, dann falte die obere Spitze nach rechts.

17 Falte sie dann in die andere Richtung, sodass auch eine Bergfalte entsteht. Dann mache daraus einen Gegenbruch nach innen.

18 Falte die obere rechte Spitze nach links, um den Kamm zu formen.

19 Falte sie dann in die andere Richtung, sodass auch eine Bergfalte entsteht. Dann mache einen Gegenbruch nach außen (siehe Seite 5).

20 Dein Papier sollte jetzt so aussehen. Hole nun die Beine.

21 Lege den Körper wie abgebildet auf die Beine. Tupfe etwas Kleber auf die gekennzeichneten Stellen. Drehe dein Papier und wiederhole es auf der anderen Seite.

22 Falte die Beine über den Körper.

23 Drücke das Papier für eine Minute fest. Sobald du loslässt, sollten die beiden Blätter festkleben. Dein Dino ist jetzt fertig und bereit für einen kleinen Ausflug.

FERTIG!

TRICERATOPS

Der Triceratops, einer der berühmtesten Dinosaurier, war leicht zu erkennen, da er drei scharfe Hörner auf dem Kopf hatte (sein Name bedeutet „Dreihörniges Gesicht"). Der Dinosaurier wird aus zwei Teilen gemacht.

SCHWANZ UND HINTERBEINE

1

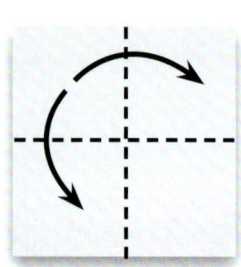

Lege dein Papier mit der weißen Seite nach oben vor dich. Falte die obere Hälfte mit einer Talfalte nach unten und öffne das Papier wieder. Falte die linke Hälfte mit einer Talfalte nach rechts und öffne das Papier wieder.

2

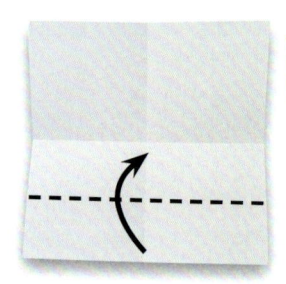

Falte die untere Kante zur Mittellinie.

3

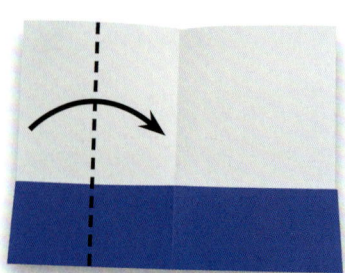

Falte die linke Kante zur Mittellinie.

4

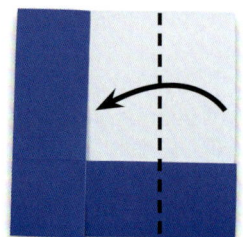

Falte die rechte Kante zur Mittellinie.

5

Falte die linke obere Ecke zur Mittellinie.

6

Falte die rechte obere Ecke zur Mittellinie.

ÖFFNEN

7

Öffne die Faltung, die du in Schritt 5 gemacht hast.

8

Ziehe die obere Spitze von der Mitte nach unten, sodass eine Tasche entsteht. Drücke das Papier flach zu einer Dreiecksform.

9

Dein Papier sollte nun so aussehen. Wiederhole Schritt 7 und 8 auf der rechten Seite.

10

Falte die obere Ecke nach unten, wie abgebildet.

ÖFFNEN

11

Entfalte die Faltung, die du bei Schritt 10 gemacht hast.

12

Falte die obere Ecke nach rechts, an die Kante, die bei der Faltung in Schritt 10 entstanden ist.

ÖFFNEN

13

Entfalte die Faltung, die du bei Schritt 12 gemacht hast.

14

Falte die obere Ecke nach links. Achte auch hier darauf, dass sie bündig mit der Kante ist, die du bei Schritt 10 gemacht hast.

15

Falte die linke Spitze von der Mitte nach links oben, sodass ein Dreieck entsteht.

16 Wiederhole Schritt 15 auf der rechten Seite.

17 Mache eine Faltung auf der linken Seite, wie abgebildet.

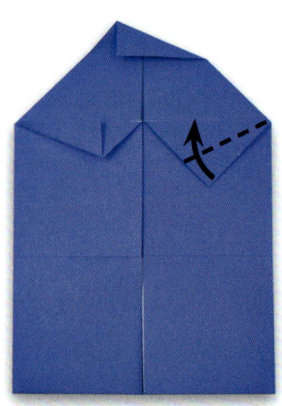

18 Wiederhole Schritt 17 auf der rechten Seite.

19 Öffne die Faltung, die du bei Schritt 17 gemacht hast.

20 Ziehe die linke Ecke der oberen Lage nach rechts.

21 Drücke nun das Papier wie gezeigt, zusammen, sodass eine neue Faltung entsteht und drücke das Papier flach.

22 Dein Papier sollte nun so aussehen. Wiederhole Schritt 19 bis 21 auf der rechten Seite.

23 Öffne das Papier an der linken unteren Seite.

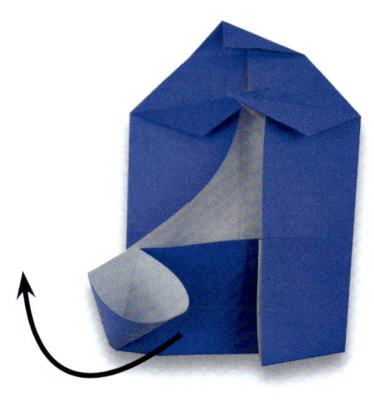

24

Ziehe diese Seite nach links, sodass das Papier eine Dreiecksform erhält.

25

Drücke das Papier flach.

FLACHDRÜCKEN

26

Dein Papier sollte nun so aussehen. Wiederhole Schritt 23 bis 25 auf der rechten Seite.

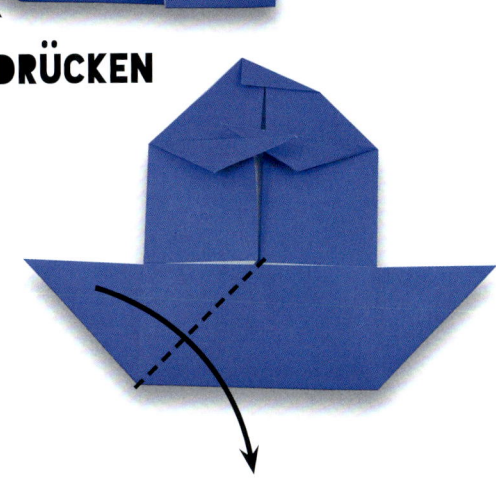

27

Falte die linke Ecke nach rechts unten.

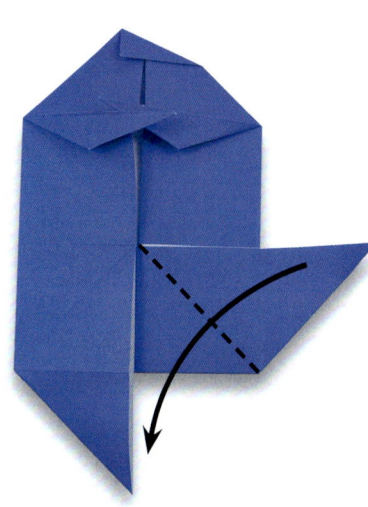

28

Falte die rechte Ecke nach links unten.

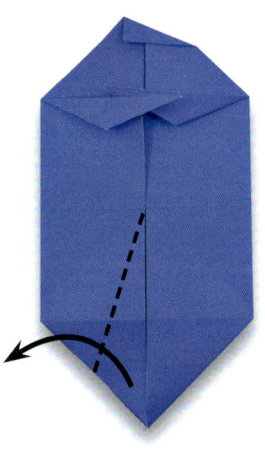

29

Falte die untere linke Ecke nach links, wie abgebildet.

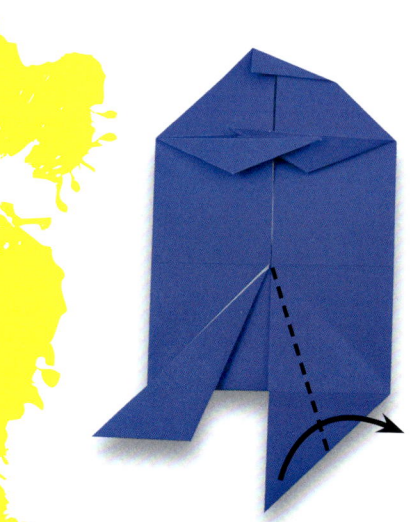

30

Falte die untere rechte Ecke nach rechts, wie abgebildet.

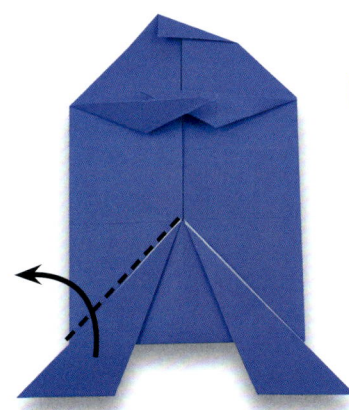

31

Falte die Klappe, die du in Schritt 29 gemacht hast, entlang ihrer linken Kante nach links.

32 Falte die Klappe, die du in Schritt 30 gemacht hast, entlang ihrer rechten Kante nach rechts.

WENDEN

33 Dein Papier sollte nun so aussehen. Drehe dein Papier um.

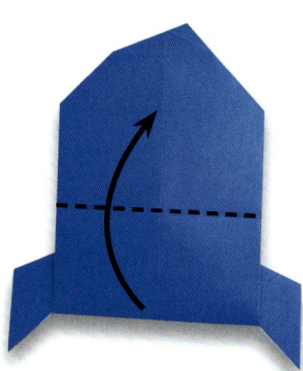

34 Falte den unteren Teil des Papiers nach oben, wie abgebildet

UMDREHEN

35 Drehe dein Papier wieder um.

36 Die Beine sind nun fertig. Lege das Papier zur Seite, während du den Kopf und die Vorderbeine machst.

KOPF UND VORDERBEINE

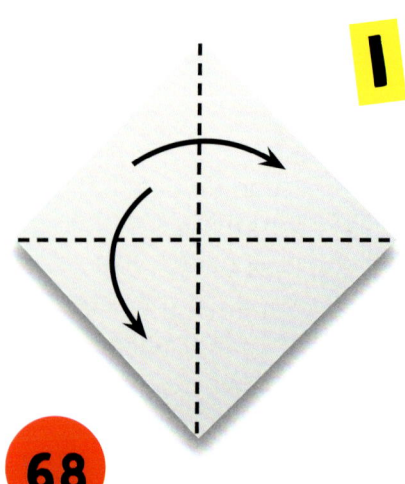

1 Nimm das zweite Papier und lege es mit der weißen Seite nach oben vor dich. Eine Ecke sollte zu dir zeigen. Falte die obere Hälfte nach unten und öffne es wieder. Falte die linke Hälfte nach rechts und öffne das Papier wieder.

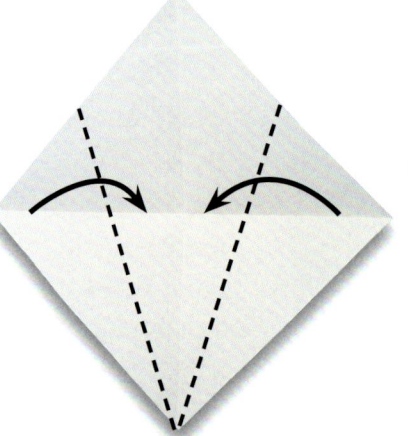

2 Falte die linke und die rechte Ecke zur Mittellinie.

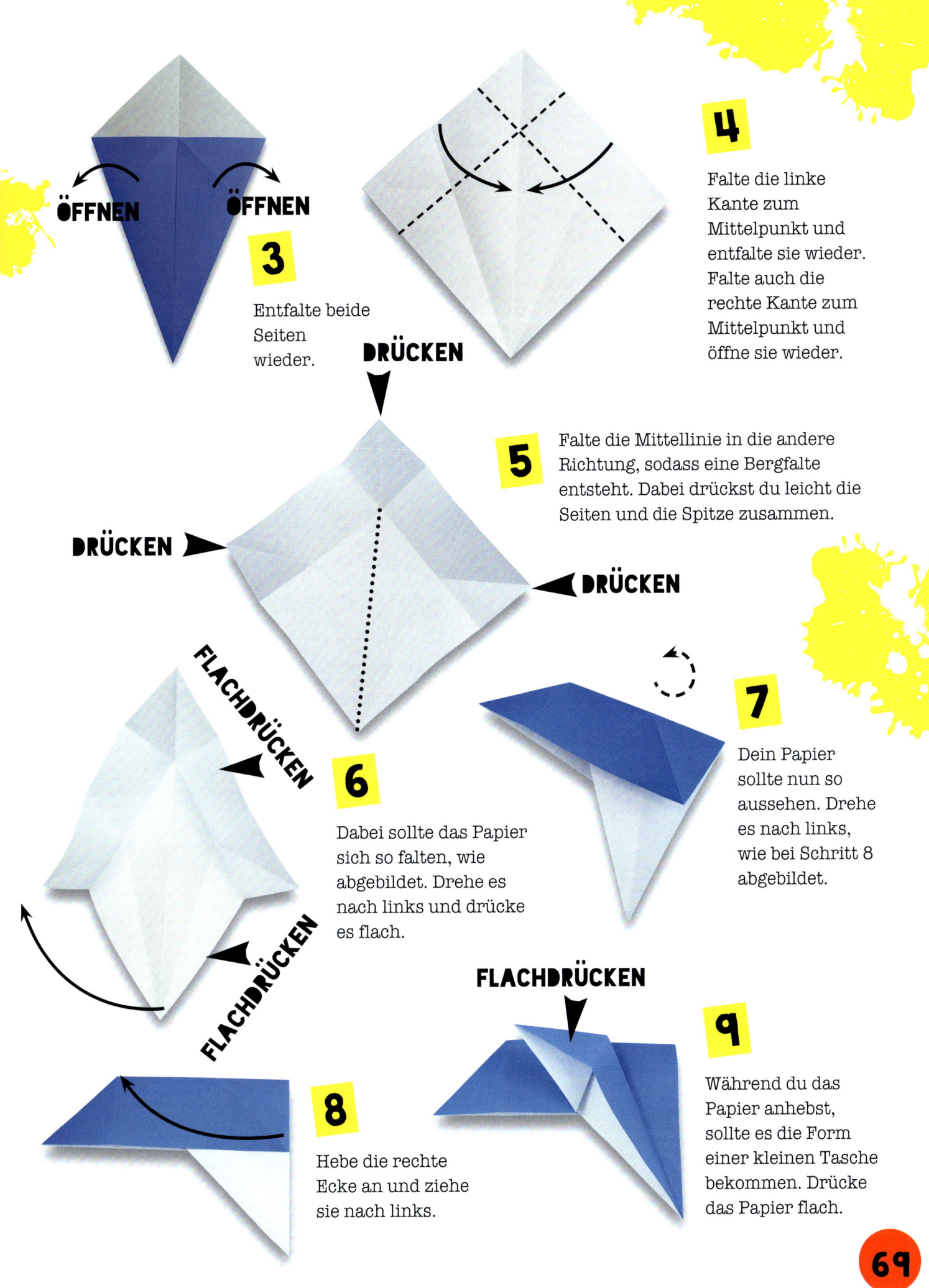

ÖFFNEN   **ÖFFNEN**

3

Entfalte beide
Seiten
wieder.

4

Falte die linke
Kante zum
Mittelpunkt und
entfalte sie wieder.
Falte auch die
rechte Kante zum
Mittelpunkt und
öffne sie wieder.

DRÜCKEN

5

Falte die Mittellinie in die andere
Richtung, sodass eine Bergfalte
entsteht. Dabei drückst du leicht die
Seiten und die Spitze zusammen.

DRÜCKEN   **DRÜCKEN**

FLACHDRÜCKEN

6

Dabei sollte das Papier
sich so falten, wie
abgebildet. Drehe es
nach links und drücke
es flach.

FLACHDRÜCKEN

7

Dein Papier
sollte nun so
aussehen. Drehe
es nach links,
wie bei Schritt 8
abgebildet.

FLACHDRÜCKEN

8

Hebe die rechte
Ecke an und ziehe
sie nach links.

9

Während du das
Papier anhebst,
sollte es die Form
einer kleinen Tasche
bekommen. Drücke
das Papier flach.

69

WENDEN

10

Drehe das Papier und wiederhole Schritt 8 und 9 auf der anderen Seite. Drehe dann das Papier wieder, so wie bei Schritt 11 abgebildet.

11

Falte die rechte Ecke auf die linke Ecke.

ÖFFNEN

12

Entfalte die Faltung, die du in Schritt 11 gemacht hast.

13

Falte nun die rechte Ecke nach links oben, wie abgebildet.

ÖFFNEN

14

Entfalte die Faltung, die du in Schritt 13 gemacht hast.

DRÜCKEN

15

Drücke die rechte Ecke nach innen, entlang der Faltungen, die du in Schritt 11 und 13 gemacht hast. Während du das machst, falte die kleinen Dreiecke in der Mitte nach rechts unten.

DRÜCKEN

FLACHDRÜCKEN

16

Drücke die rechte Ecke weiter nach innen und drücke dann die Dreiecke flach.

ÖFFNEN

17

Öffne die linke Seite, sodass eine kleine Tasche entsteht.

18 Hebe den Mittelpunkt der Tasche an und ziehe ihn nach rechts.

19 Drücke das Papier flach, sodass eine quadratische Form entsteht.

20 Mache eine Faltung auf der rechten Seite, wie abgebildet.

21 Wende dein Papier und wiederhole Schritt 20 auf der anderen Seite. Wende dann dein Papier noch einmal.

WENDEN

22 Nimm das erste Papier zur Hand. Falte es einmal in der Mitte und öffne es wieder.

23 Tupfe etwas Kleber auf die gekennzeichneten Flächen. Falte das erste Papier noch einmal in der Mitte.

24 Lege das erste Papier über das zweite und halte es für einen Moment fest.

25 Wenn der Kleber getrocknet ist, erhältst du einen furchterregenden Triceratops.

FERTIG!

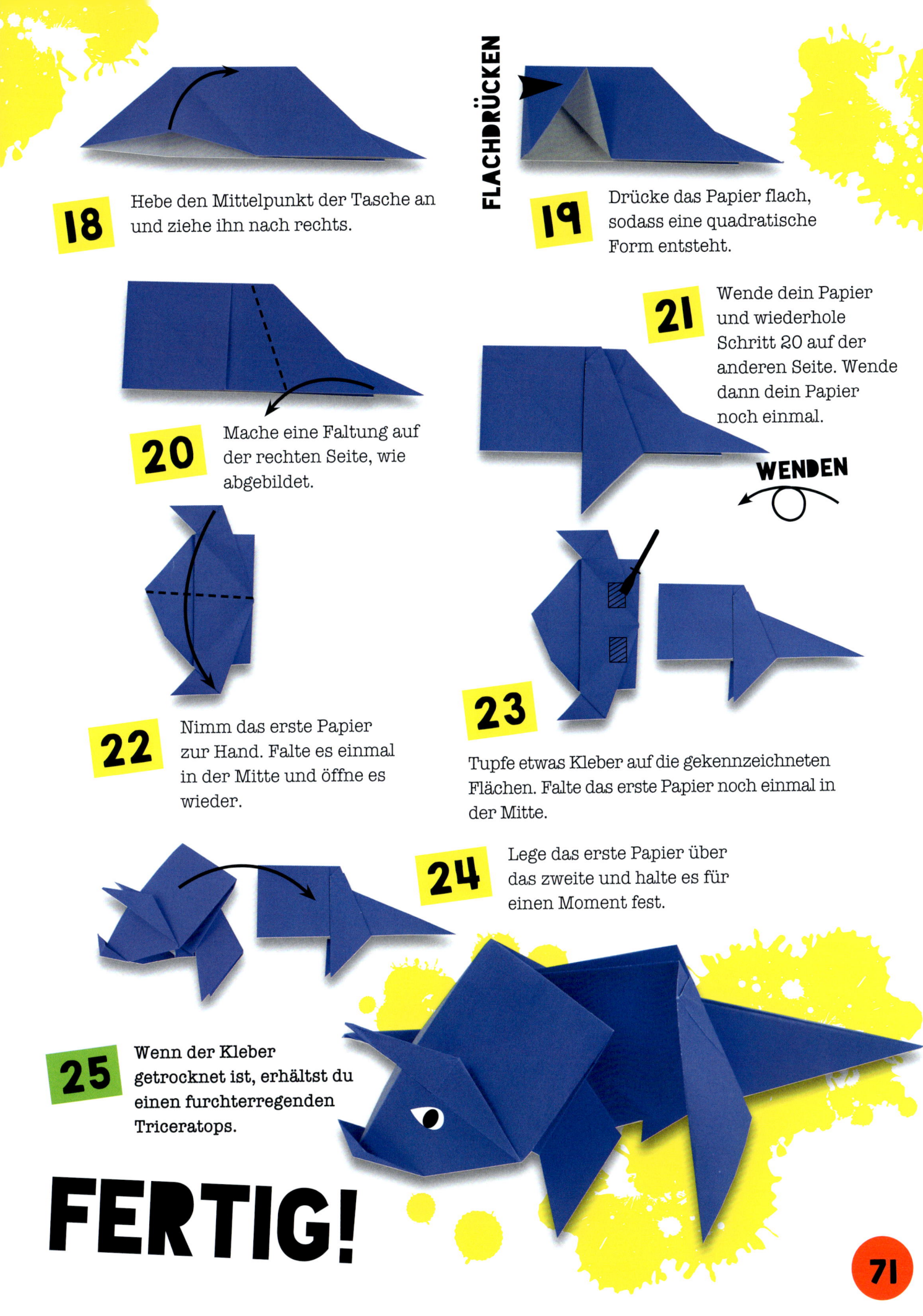

ARGENTINOSAURUS

Dieser riesige Langhals-Dino wurde nach dem Land benannt, indem er gefunden wurde: Argentinien. Mache zuerst den Schwanz und die Hinterbeine.

SCHWANZ UND HINTERBEINE

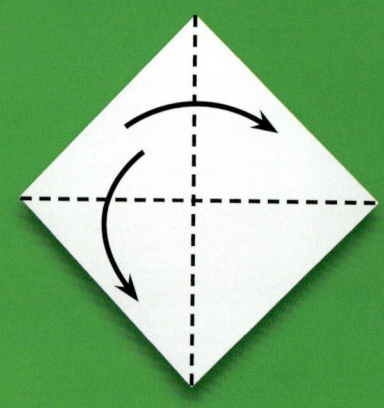

1 Lege das Papier mit der weißen Seite nach oben, sodass eine Ecke zu dir zeigt. Falte die obere Hälfte mit einer Talfalte nach unten und öffne sie wieder. Falte die linke Hälfte mit einer Talfalte nach rechts und öffne sie wieder.

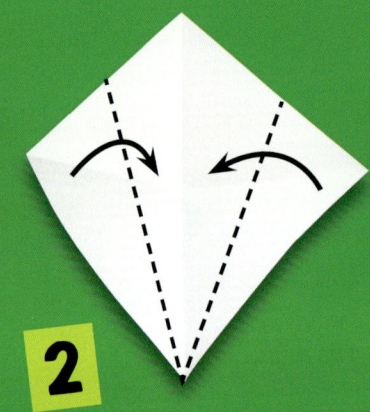

2 Falte die linke und die rechte Ecke zur Mittellinie.

3 Falte die untere Ecke auf die Spitze.

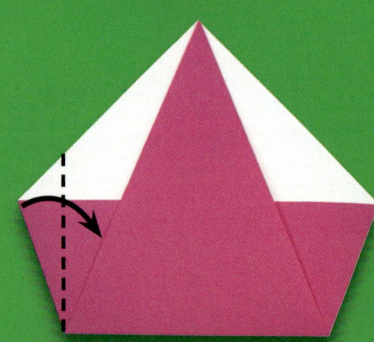

4 Falte die untere linke Kante zum Dreieck in der Mitte, sodass die Kante bündig mit der Kante des Dreiecks abschließt.

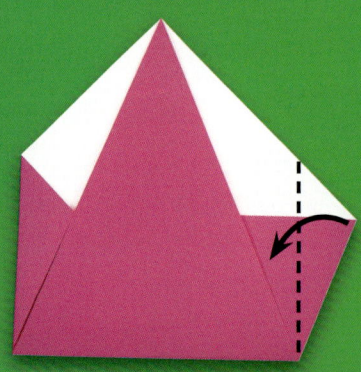

5 Wiederhole Schritt 4 auf der rechten Seite.

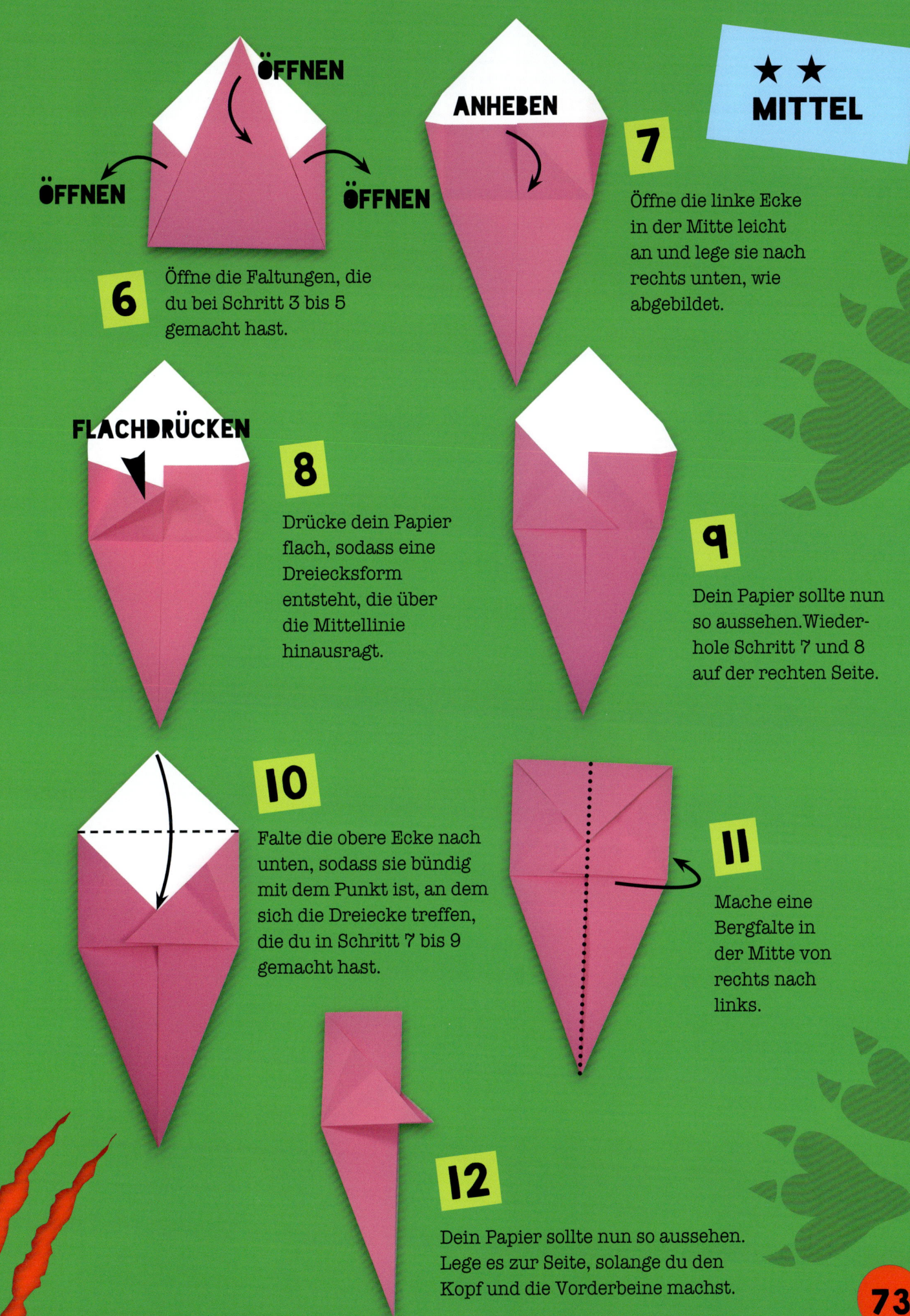

ÖFFNEN

ÖFFNEN

ÖFFNEN

6 Öffne die Faltungen, die du bei Schritt 3 bis 5 gemacht hast.

ANHEBEN

7 Öffne die linke Ecke in der Mitte leicht an und lege sie nach rechts unten, wie abgebildet.

FLACHDRÜCKEN

8 Drücke dein Papier flach, sodass eine Dreiecksform entsteht, die über die Mittellinie hinausragt.

9 Dein Papier sollte nun so aussehen. Wiederhole Schritt 7 und 8 auf der rechten Seite.

10 Falte die obere Ecke nach unten, sodass sie bündig mit dem Punkt ist, an dem sich die Dreiecke treffen, die du in Schritt 7 bis 9 gemacht hast.

11 Mache eine Bergfalte in der Mitte von rechts nach links.

12 Dein Papier sollte nun so aussehen. Lege es zur Seite, solange du den Kopf und die Vorderbeine machst.

1

Nimm das zweite Papier und wiederhole Schritt 1 bis 9 von „Schwanz und Hinterbeine", sodass dein Papier so aussieht. Drehe dein Papier um 180°.

180°

2

Mache eine Bergfalte in der Mitte von rechts nach links.

3

Falte die obere Spitze nach links unten, wie abgebildet.

4

Falte sie mit einer Bergfalte in die andere Richtung und öffne sie wieder.

5

Mache eine weitere Faltung in einem etwas flacheren Winkel, wie abgebildet.

6

Falte sie mit einer Bergfalte in die andere Richtung und öffne sie wieder.

7

DRÜCKEN

Drücke die obere Ecke vorsichtig nach unten, sodass sich die Faltungen, die du in Schritt 3 bis 6 gemacht hast, nach innen schieben und eine Stufenfalte entsteht.

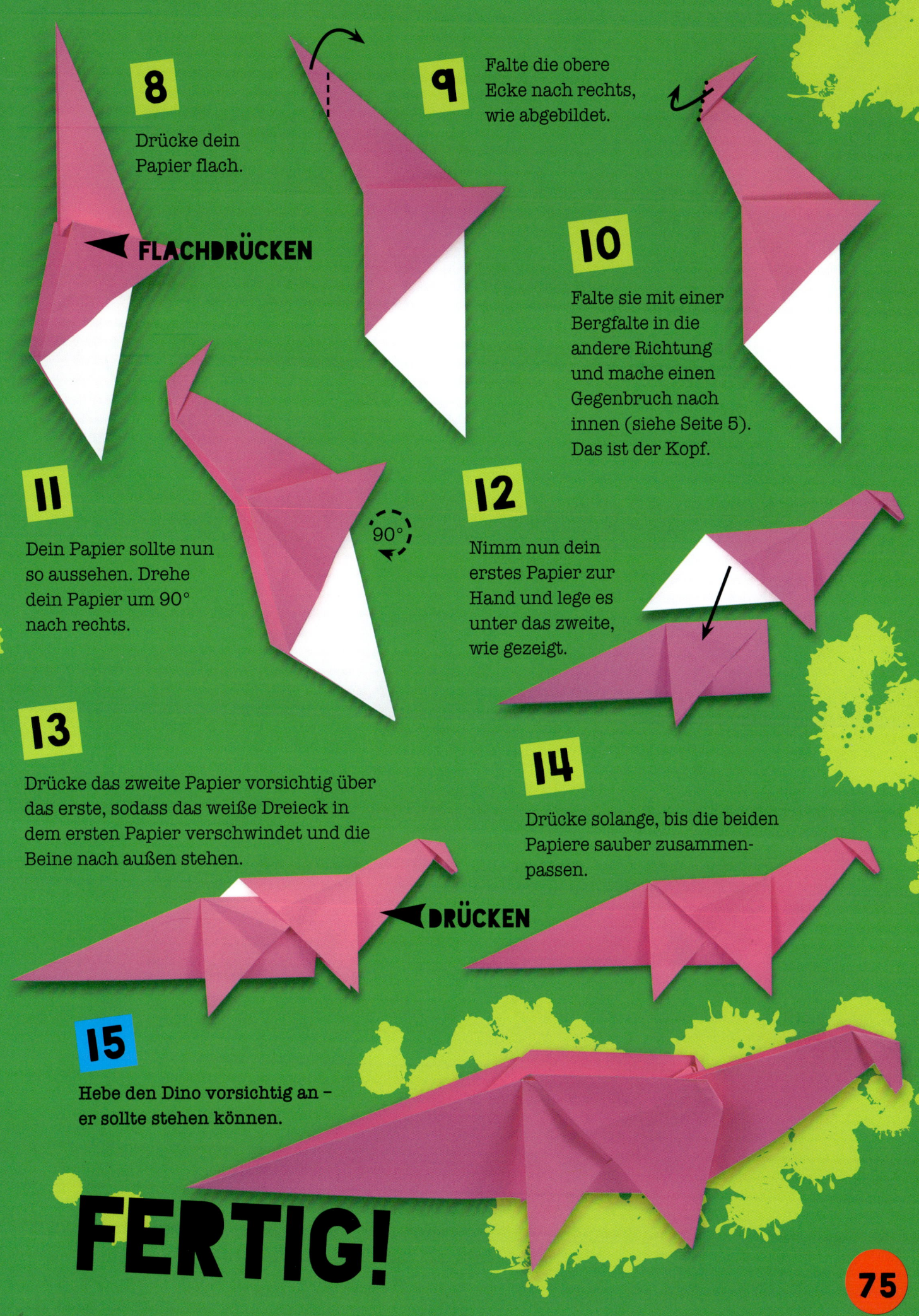

8

Drücke dein
Papier flach.

◄ **FLACHDRÜCKEN**

9 Falte die obere
Ecke nach rechts,
wie abgebildet.

10

Falte sie mit einer
Bergfalte in die
andere Richtung
und mache einen
Gegenbruch nach
innen (siehe Seite 5).
Das ist der Kopf.

11

Dein Papier sollte nun
so aussehen. Drehe
dein Papier um 90°
nach rechts.

90°

12

Nimm nun dein
erstes Papier zur
Hand und lege es
unter das zweite,
wie gezeigt.

13

Drücke das zweite Papier vorsichtig über
das erste, sodass das weiße Dreieck in
dem ersten Papier verschwindet und die
Beine nach außen stehen.

◄ **DRÜCKEN**

14

Drücke solange, bis die beiden
Papiere sauber zusammen-
passen.

15

Hebe den Dino vorsichtig an –
er sollte stehen können.

FERTIG!

STEGOSAURUS

Dieser große Dino hatte ein Gehirn von der Größe einer Walnuss – also war er wahrscheinlich nicht sehr schlau. Verwende zwei verschiedene Papierfarben, um den stacheligen Rücken hervorzuheben.

KOPF UND KÖRPER

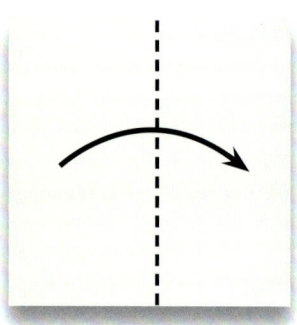

1 Beginne mit dem Körper und dem Kopf. Lege das Papier mit der weißen Seite nach oben vor dich. Mache eine Talfalte in der Mitte von links nach rechts und öffne das Papier wieder.

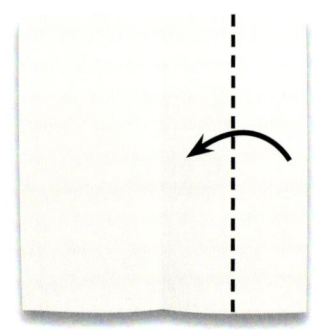

2 Falte die rechte Kante zur Mittellinie.

3 Falte die linke Kante zur Mittellinie.

4 Falte die rechte obere Ecke zur Mittellinie, wie abgebildet.

5 Wiederhole Schritt 4 mit den anderen drei Ecken.

ÖFFNEN   ÖFFNEN

ÖFFNEN   ÖFFNEN

6 Öffne die Faltungen, die du in Schritt 4 und 5 gemacht hast.

DRÜCKEN

7 Öffne die rechte obere Ecke und rücke sie nach links unten, sodass die Kante nach innen klappt, wie in Schritt 8 gezeigt wird.

FLACHDRÜCKEN

★ ★
MITTEL

8 Drücke das Papier flach.

9 Dein Papier sollte nun so aussehen. Wiederhole Schritt 7 und 8 mit den anderen drei Ecken.

10 Falte die rechte obere Ecke nach links unten, wie abgebildet.

11 Falte die linke obere Ecke nach rechts unten. Die Ecke sollte über der Ecke liegen, die du in Schritt 10 gemacht hast.

12 Wiederhole Schritt 10 und 11 mit den unteren Ecken.

13 Dein Papier sollte nun so aussehen. Drehe dein Papier um.

WENDEN

14 Falte die linke Ecke nach rechts, wie abgebildet.

15 Falte die rechte Ecke nach links, wie abgebildet.

16 Falte die linke untere Ecke zur Mittellinie, wie abgebildet.

17 Falte die rechte untere Ecke zur Mittellinie, wie abgebildet.

18

Dein Papier sollte nun so aussehen. Mache eine Talfalte in der Mitte von rechts nach links.

19

Drehe dein Papier nach rechts.

20

Mache eine Bergfalte mit der linken Ecke, wie abgebildet.

21 Falte sie in die andere Richtung, sodass eine Talfalte entsteht und mache einen Gegenbruch nach innen (siehe Seite 5). Das ist der Hals.

22 Mache nun eine Bergfalte. Falte sie in die andere Richtung, sodass eine Talfalte entsteht und mache einen Gegenbruch nach innen (siehe Seite 5). Das ist der Kopf.

23 Stecke die linke Ecke in den Kopf, um die Schnauze zu formen.

24 Dein Papier sollte nun so aussehen. Lege es zur Seite, während du den Rücken faltest.

RÜCKEN

1

Lege dein Papier mit der weißen Seite nach oben. Falte die obere Hälfte mit einer Talfalte nach unten und öffne das Papier wieder. Falte die linke Hälfte mit einer Talfalte nach rechts und öffne das Papier wieder.

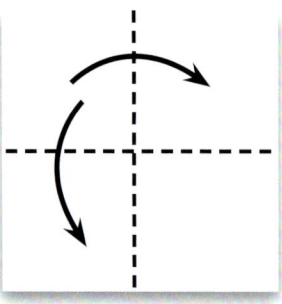

2

Falte die rechte obere Ecke zum Mittelpunkt.

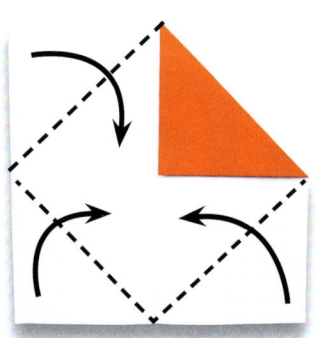

3 Wiederhole Schritt 2 an den anderen drei Ecken.

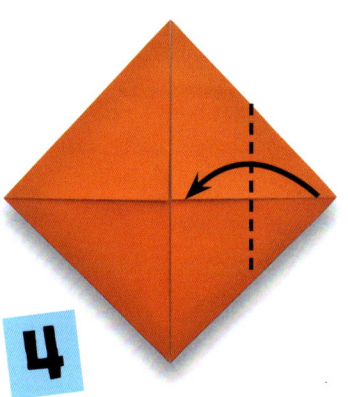

4 Falte die rechte Ecke zum Mittelpunkt.

5 Wiederhole Schritt 4 mit den anderen drei Ecken.

6 Falte die obere Lage der oberen Ecke nach oben, wie abgebildet.

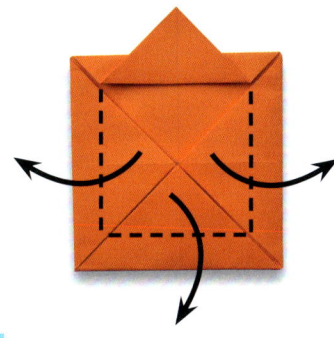

7 Wiederhole Schritt 6 mit den anderen drei Ecken.

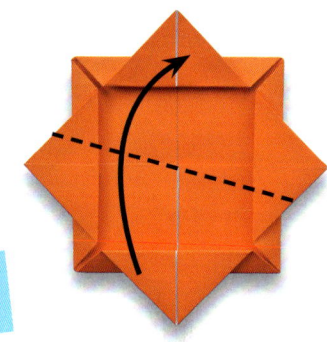

8 Falte das Papier diagonal in der Mitte von unten nach oben, wie abgebildet.

9 Dein Papier sollte nun so aussehen. Nimm das erste Papier zur Hand.

10 Stecke das zweite Papier in das erste, um deinen Dino zu vervollständigen.

11 Dein stacheliger Stegosaurus ist bereit, seinen ersten Spaziergang zu machen.

FERTIG!

APATOSAURUS

Von der Nase bis zum Schwanz war der Apatosaurus so lang wie ein Tennisplatz und somit eines der größten Tiere, das jemals auf der Erde lebte. Deine Origami-Version wird ein bisschen kleiner sein.

90°

1

Beginne mit der Grundform „Drache" (siehe Seite 6). Die weiße Seite des Papiers zeigt nach unten. Drehe dein Papier um 90° nach links.

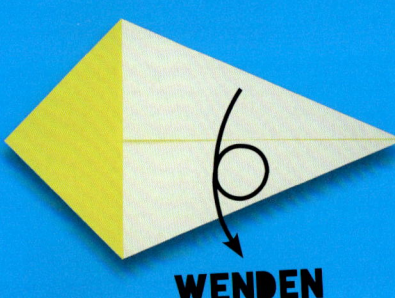

WENDEN

2

Drehe dein Papier um.

3

Falte die untere Kante zur Mittellinie.

4

Falte die obere Kante zur Mittellinie.

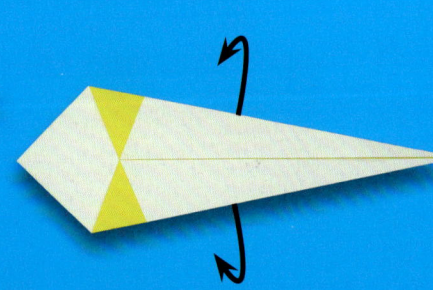

5

Öffne die untere Lage beider Seiten, sodass dein Papier aussieht wie bei Schritt 6.

6

Falte die untere Spitze zur Mittellinie, indem du die Bergfalte in eine Talfalte umwandelst.

7 Wiederhole Schritt 6 mit der oberen Kante.

8 Ziehe die obere Ecke der oberen Lage der unteren Hälfte nach rechts, sodass eine Dreiecksform entsteht, wie bei Schritt 9 gezeigt wird.

FLACHDRÜCKEN

9 Drücke das Papier flach.

10 Dein Papier sollte nun so aussehen. Wiederhole Schritt 8 und 9 an der oberen Hälfte.

11 Falte die linke untere Ecke zur Mittellinie.

12 Wiederhole Schritt 11 an der oberen Hälfte.

ÖFFNEN

13 Öffne die Faltung, die du bei Schritt 11 gemacht hast und ziehe die obere Ecke nach rechts, wie bei Schritt 14 gezeigt.

FLACHDRÜCKEN

14 Drücke die Ecke flach, sodass eine Dreiecksform entsteht.

15 Wiederhole Schritt 13 und 14 an der oberen Hälfte.

16 Dein Papier sollte nun so aussehen. Mache eine Bergfalte in der Mitte von unten nach oben.

ÖFFNEN

17 Ziehe die Spitze der Dreiecke heraus, um die Füße zu formen. Wiederhole diesen Schritt auf der anderen Seite.

18 Falte die rechte Spitze nach oben, wie abgebildet.

19 Falte sie in die andere Richtung, sodass eine Bergfalte entsteht und mache einen Gegenbruch nach innen (siehe Seite 5).

20 Dein Papier sollte nun so aussehen. Falte die rechte Ecke nach links, um den Kopf zu formen.

21 Falte sie in die andere Richtung, sodass eine Bergfalte entsteht und mache einen Gegenbruch nach innen (siehe Seite 5). Das ist dann der Kopf.

22 Falte die obere Schicht des Kopfes nach unten, wie abgebildet. So erhälst du eine flache Form.

23 Mache eine Bergfalte an der rechten Ecke, um die Schnauze zu formen.

24

Achte darauf, dass die Beine gerade aus dem Körper herausragen, dann kann dein Apatosaurus stehen. Sieht er nicht beeindruckend aus?

FERTIG!

MEER UND HIMMEL

Als die Dinosaurier die Erde durchstreiften, schwammen noch andere seltsame Reptilien in den Meeren und flogen durch die Wolken. Die folgenden Seiten zeigen dir, wie du einige dieser bizarren Tiere falten kannst.

QUETZALCOATLUS

Dieser riesige Flugsaurier ist einfacher zu falten, als es aussieht. Du brauchst eine Schere, um dieses Projekt abzuschließen.

1

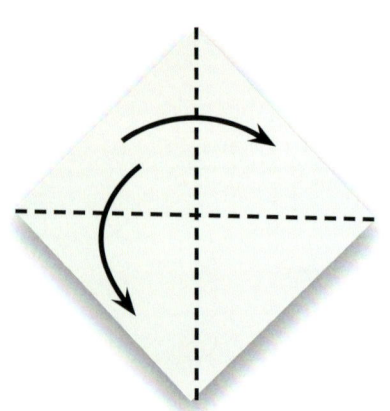

Lege das Papier wie abgebildet auf den Tisch, sodass die weiße Seite nach oben und eine Ecke zu dir zeigt. Falte die linke Hälfte nach rechts und wieder zurück. Falte dann die obere Hälfte nach unten und wieder zurück.

2

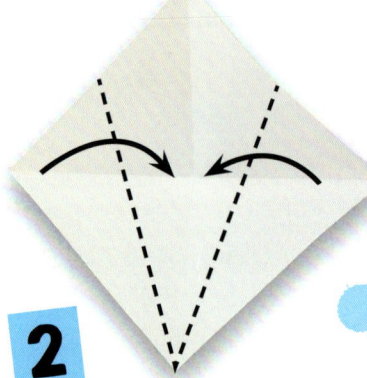

Falte jeweils die linke und rechte Ecke zur Mittellinie.

3

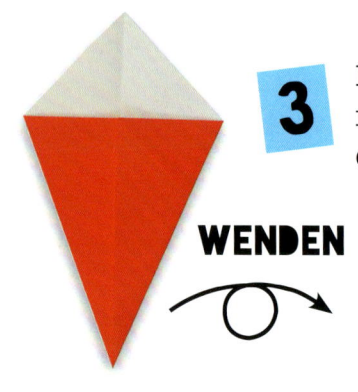

Dein Papier sieht nun so aus. Drehe es dann um.

WENDEN

4

Mache eine große Stufenfalte, wie abgebildet (siehe Seite 4).

5

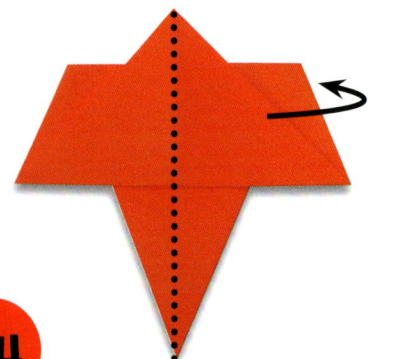

Das Papier sieht nun so aus. Mache in der Mitte eine Bergfalte von rechts nach links.

6

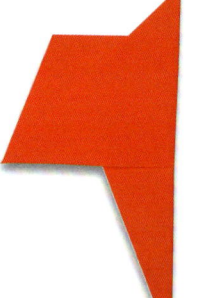

Drehe nun das Papier um 90° nach rechts.

90°

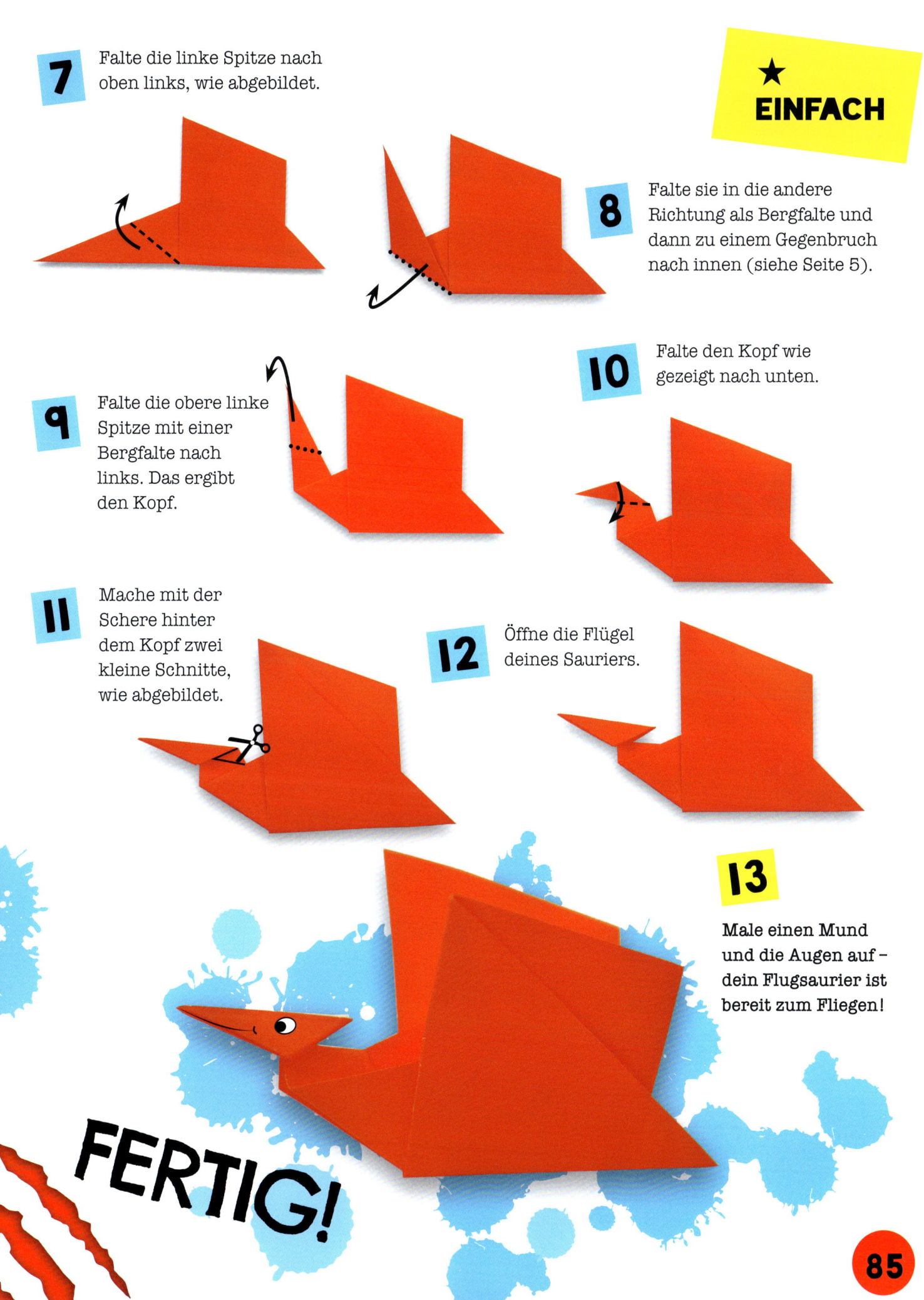

7 Falte die linke Spitze nach oben links, wie abgebildet.

8 Falte sie in die andere Richtung als Bergfalte und dann zu einem Gegenbruch nach innen (siehe Seite 5).

9 Falte die obere linke Spitze mit einer Bergfalte nach links. Das ergibt den Kopf.

10 Falte den Kopf wie gezeigt nach unten.

11 Mache mit der Schere hinter dem Kopf zwei kleine Schnitte, wie abgebildet.

12 Öffne die Flügel deines Sauriers.

13 Male einen Mund und die Augen auf – dein Flugsaurier ist bereit zum Fliegen!

FERTIG!

PLIOSAURUS

Diese wilde Kreatur war kein Dinosaurier – obwohl sie so aussah. Sie war ein Reptil, das im Meer lebte. Für dieses Projekt brauchst du zwei Papiere: eins für den Körper und eins für die Beine.

KÖRPER

1 Los geht's mit dem Körper des Pliosaurus. Lege die farbige Seite nach unten vor dich, sodass eine Spitze zu dir zeigt. Falte die rechte Hälfte von rechts nach links und öffne das Papier wieder.

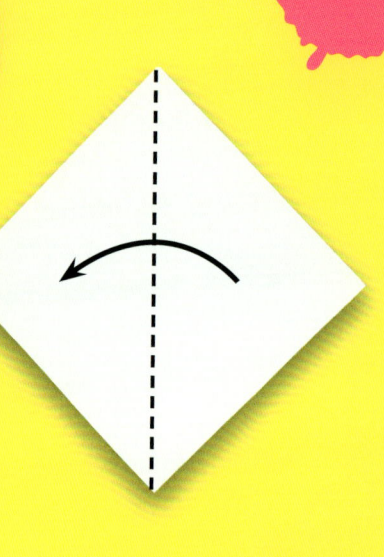

2 Falte die rechte untere Kante nach links oben, wie abgebildet. Öffne dein Papier dann wieder.

3 Falte die rechte Ecke zu der Kante, die du bei Schritt 2 gemacht hast.

4 Falte die linke Ecke bündig zu der Kante, die du in Schritt 3 gemacht hast.

5 Falte die obere Ecke auf die untere Ecke.

6

Drehe dein Papier um 90° nach rechts.

7

Falte die obere Lage der linken Ecke nach rechts, wie abgebildet.

8

Entfalte alle Schritte, die du bisher gemacht hast.

9

Mache eine kleine Faltung auf der rechten Seite.

10

Wiederhole die Faltung, die du in Schritt 4 gemacht hast. Sie befindet sich nun oben.

11

Wiederhole die Faltung, die du in Schritt 3 gemacht hast.

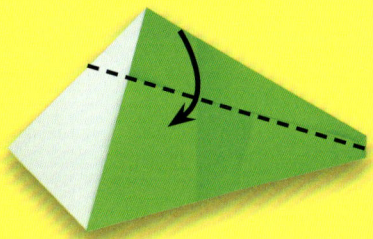

12

Falte die obere Kante nach unten, sodass sie bündig mit der Mittellinie ist.

WENDEN

13

Dein Papier sollte nun so aussehen. Drehe dein Papier um.

14

Falte die rechte Ecke, wie abgebildet.

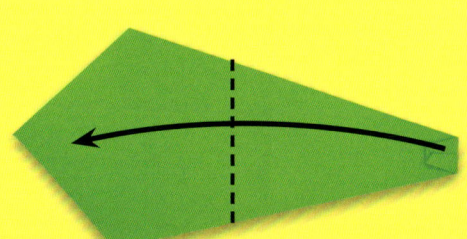

15

Falte die rechte Hälfte nach links, wie abgebildet.

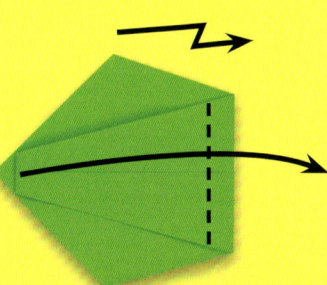

16

Mache eine Stufenfalte, indem du die obere Lage zurück nach rechts faltest, entlang der Kante, die du bei Schritt 5 gemacht hast.

17

Dein Papier sollte nun so aussehen. Lege es zur Seite, denn nun geht es mit den Beinen weiter.

BEINE

1 Lege das Papier mit der farbigen Seite nach unten vor dich, sodass eine Spitze zu dir zeigt. Falte das Papier in der Mitte von links nach rechts und öffne es wieder. Falte dann das Papier in der Mitte von oben nach unten und öffne es wieder.

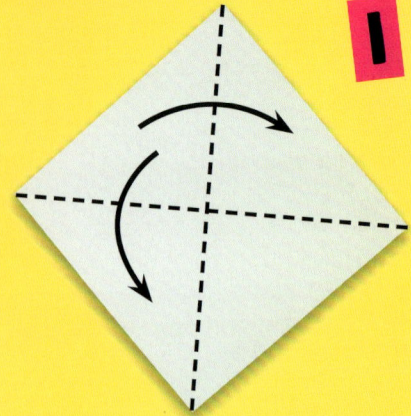

2 Drehe das Papier, sodass eine Kante zu dir zeigt. Falte dann das Papier in der Mitte von links nach rechts und entfalte es wieder. Falte danach das Papier in der Mitte von oben nach unten und öffne es wieder.

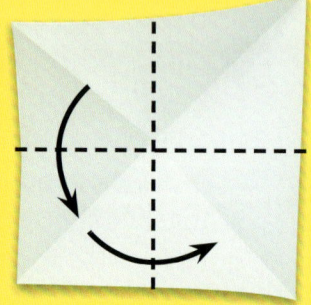

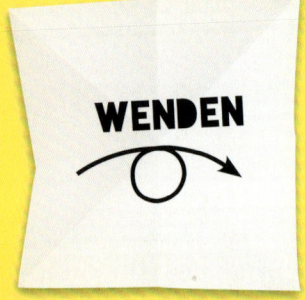

3 Dein Papier sollte nun so aussehen. Drehe dein Papier um.

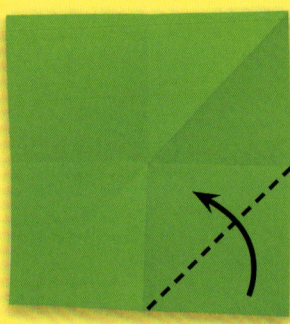

4 Falte die rechte untere Ecke zum Mittelpunkt.

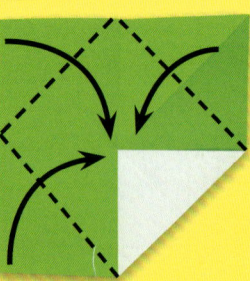

5 Wiederhole Schritt 4 mit den drei anderen Ecken.

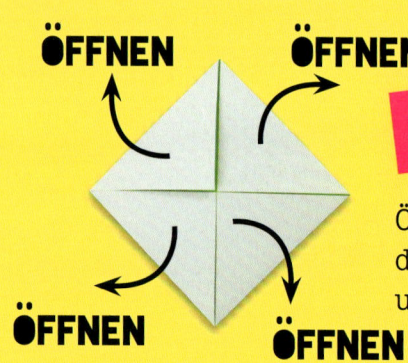

6 Öffne die Faltungen, die du in Schritt 4 und 5 gemacht hast.

7 Drehe dein Papier um.

8 Falte die linke und die rechte Kante zur Mittellinie.

9 Falte die obere und die untere Kante zur Mittellinie.

10 Öffne das Papier an der oberen linken Ecke. Nimm die mittlere Ecke der zweiten Lage und ziehe sie nach links, sodass eine Dreiecksform entsteht, wie in Schritt 11 gezeigt.

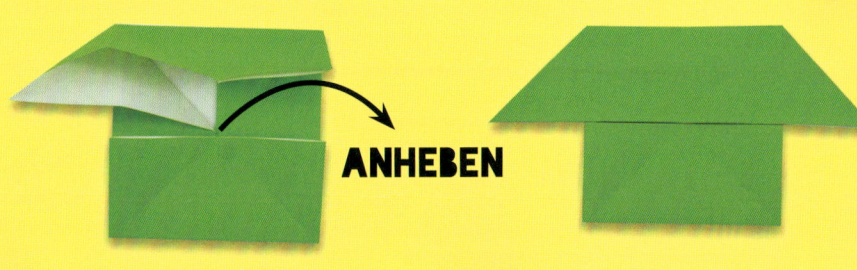

ANHEBEN

11 Dein Papier sollte nun so aussehen. Wiederhole Schritt 10 auf der rechten Seite.

12 Wiederhole Schritt 10 und 11 mit der unteren Seite des Papiers.

13 Falte die linke Ecke nach oben, wie abgebildet.

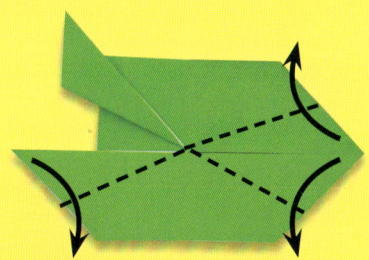

EINSCHIEBEN

14 Wiederhole Schritt 13 mit den anderen drei Ecken.

15 Dein Papier sollte nun so aussehen. Nimm den Körper des Pliosaurus zur Hand, um ihn zusammenzusetzen.

16 Lege deine beiden Teile wie gezeigt vor dich. Schiebe die Beine über den Körper. Stecke das Papier unter die Falte, die du in Schritt 16 beim Körper gemacht hast.

17 Mache eine Bergfalte mit der oberen und unteren Kante, wie auf dem Bild gezeigt.

18 Mache eine Bergfalte in der Mitte des Papiers von oben nach unten.

19 Falte die rechte Ecke mit einer Bergfalte nach innen, um den Mund zu formen.

20 Male einige furchteinflößende Zähne und große Augen auf und lasse dein Origami-Monster frei.

FERTIG!

ICHTHYOSAURUS

Der Ichthyosaurus sah aus wie unser heutiger Delfin. Er schwamm schnell durch den Ozean auf der Suche nach Fischen als Nahrung.

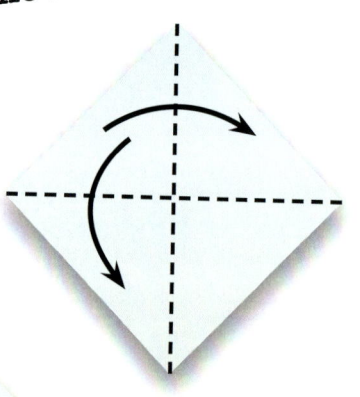

1

Lege das Papier mit der farbigen Seite nach unten, sodass eine Spitze zu dir zeigt. Mache eine Talfalte in der Mitte von oben nach unten und öffne das Papier wieder. Mache eine Talfalte in der Mitte von links nach rechts und öffne sie wieder.

2

Falte die obere Ecke nach unten bis zur Mittellinie.

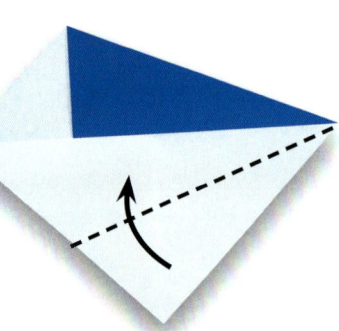

3

Falte die untere Ecke nach oben bis zur Mittellinie.

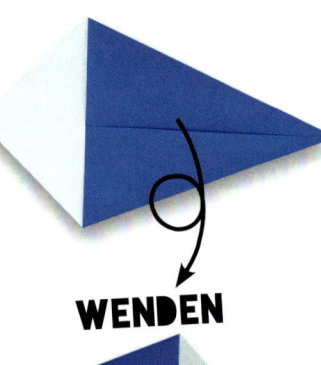

4

Dein Papier sollte nun so aussehen. Drehe dein Papier um.

WENDEN

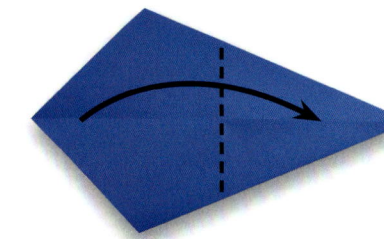

5

Falte das Papier in der Mitte von links nach rechts.

6

Öffne die Faltung der linken oberen Ecke und ziehe die Spitze zurück nach links.

FLACHDRÜCKEN

7

Die Faltung, die du in Schritt 6 geöffnet hast, sollte sich zu einem Dreieck formen, wie abgebildet. Drücke das Papier flach.

8 Wiederhole die Schritte 6 und 7 mit der unteren Hälfte des Papiers.

9 Falte die obere Lage der rechten Ecke nach links.

10 Falte die linke Ecke bis zur Mittellinie.

11 Mache eine Stufenfalte, indem du die Ecke wieder zurückfaltest (siehe Seite 4).

12 Falte das Papier zur Hälfte von unten nach oben.

13 Falte die linke Ecke nach unten, um die erste Flosse zu formen, wie bei Schritt 14 gezeigt. Wiederhole diesen Schritt auf der anderen Seite.

14 Falte die rechte Ecke nach oben, wie abgebildet.

15 Falte sie in die andere Richtung, sodass eine Bergfalte entsteht, und mache dann einen Gegenbruch nach innen (siehe Seite 5).

16 Ziehe die Flossen des Ichthyosaurus heraus. Male ihm auch noch Augen auf, damit er unter Wasser sehen kann.

FERTIG!

ELASMOSAURUS

GRUND-
FORM
FISCH

Obwohl es im Meer lebte, musste dieses langhalsige Wesen an die Oberfläche schwimmen, um zu atmen. Außerdem legte es seine Eier auch an Land, so wie es heute die Schildkröten tun.

1

Starte mit der Grundform „Fisch" (siehe Seite 6). Drehe dein Papier um 90° nach rechts.

2

Mache eine Bergfalte in der Mitte von unten nach oben.

3

Falte die linke Ecke nach rechts unten, um die erste Flosse zu formen. Wiederhole diesen Schritt auf der Rückseite, um die andere Flosse zu formen.

4

Falte die linke Ecke nach rechts oben, wie abgebildet.

5

Falte sie in die andere Richtung, sodass eine Bergfalte entsteht und mache einen Gegenbruch nach innen (siehe Seite 5).

6

Mache eine Bergfalte mit der linken Ecke der oberen Lage.

7

Mache das Gleiche mit der unteren Lage.

8

Mache eine Talfalte mit der oberen Ecke nach links.

9

Falte sie in die andere Richtung, sodass eine Bergfalte entsteht und mache einen Gegenbruch nach innen (siehe Seite 5). Das ist der Kopf.

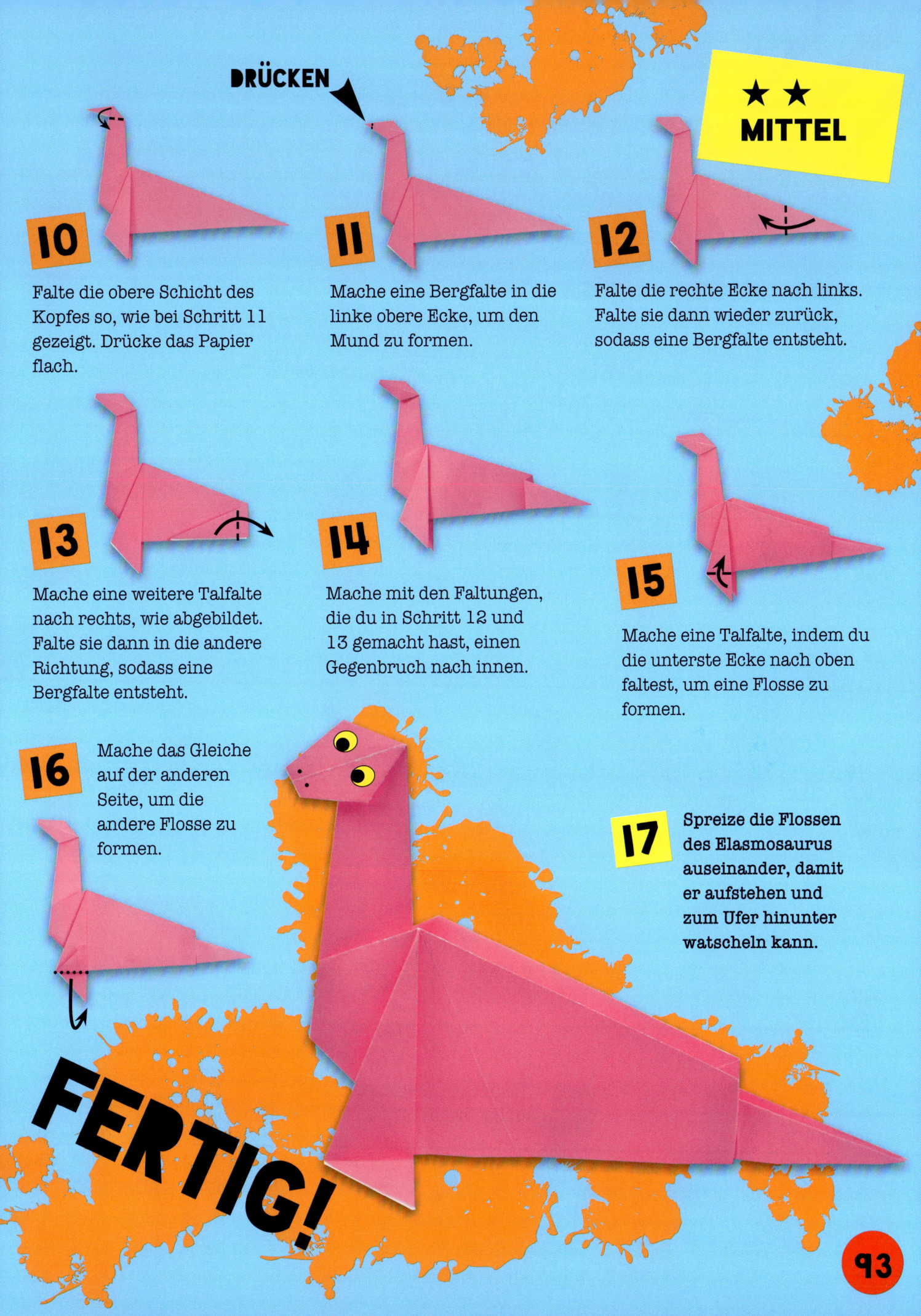

DRÜCKEN

★ ★
MITTEL

10 Falte die obere Schicht des Kopfes so, wie bei Schritt 11 gezeigt. Drücke das Papier flach.

11 Mache eine Bergfalte in die linke obere Ecke, um den Mund zu formen.

12 Falte die rechte Ecke nach links. Falte sie dann wieder zurück, sodass eine Bergfalte entsteht.

13 Mache eine weitere Talfalte nach rechts, wie abgebildet. Falte sie dann in die andere Richtung, sodass eine Bergfalte entsteht.

14 Mache mit den Faltungen, die du in Schritt 12 und 13 gemacht hast, einen Gegenbruch nach innen.

15 Mache eine Talfalte, indem du die unterste Ecke nach oben faltest, um eine Flosse zu formen.

16 Mache das Gleiche auf der anderen Seite, um die andere Flosse zu formen.

17 Spreize die Flossen des Elasmosaurus auseinander, damit er aufstehen und zum Ufer hinunter watscheln kann.

FERTIG!

93

PTERANODON

Der Pteranodon hatte einen beeindruckenden Kamm auf dem Kopf und benutzte seine Flügel, um durch den Himmel zu schweben. Hier wird gezeigt, wie du einen aus Papier falten kannst.

1 Falte das Papier in der Mitte von links nach rechts und öffne es wieder.

2 Falte die obere Hälfte nach unten.

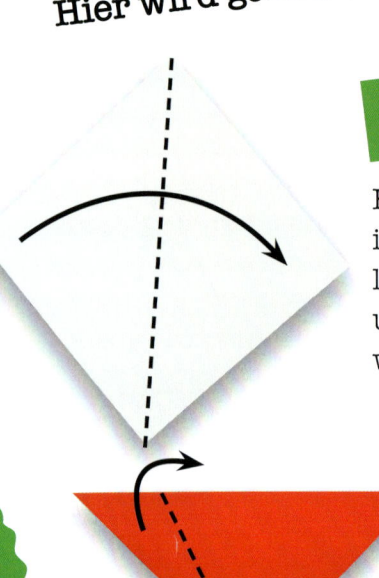

3 Falte die linke Ecke nach rechts bis zur Mittellinie.

4 Wiederhole Schritt 3 auf der rechten Seite.

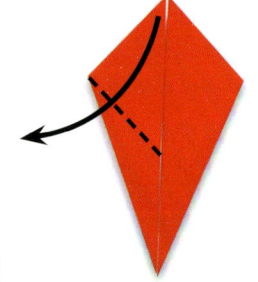

5 Dein Papier sollte nun so aussehen. Falte die linke obere Ecke nach links unten, wie abgebildet.

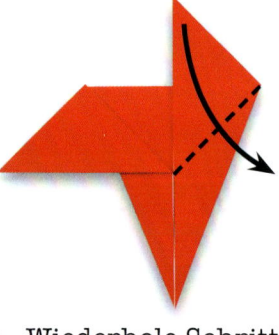

6 Wiederhole Schritt 5 auf der rechten Seite.

ÖFFNEN ÖFFNEN

7 Öffne das Papier an der Unterseite und ziehe die untere Spitze der oberen Lage leicht nach oben über die andere Lage.

DRÜCKEN ▼ ▼ DRÜCKEN

8 Schiebe beim Anheben die weißen Dreiecke unter die obere Lage des zentralen Dreiecks und drücke das Papier flach.

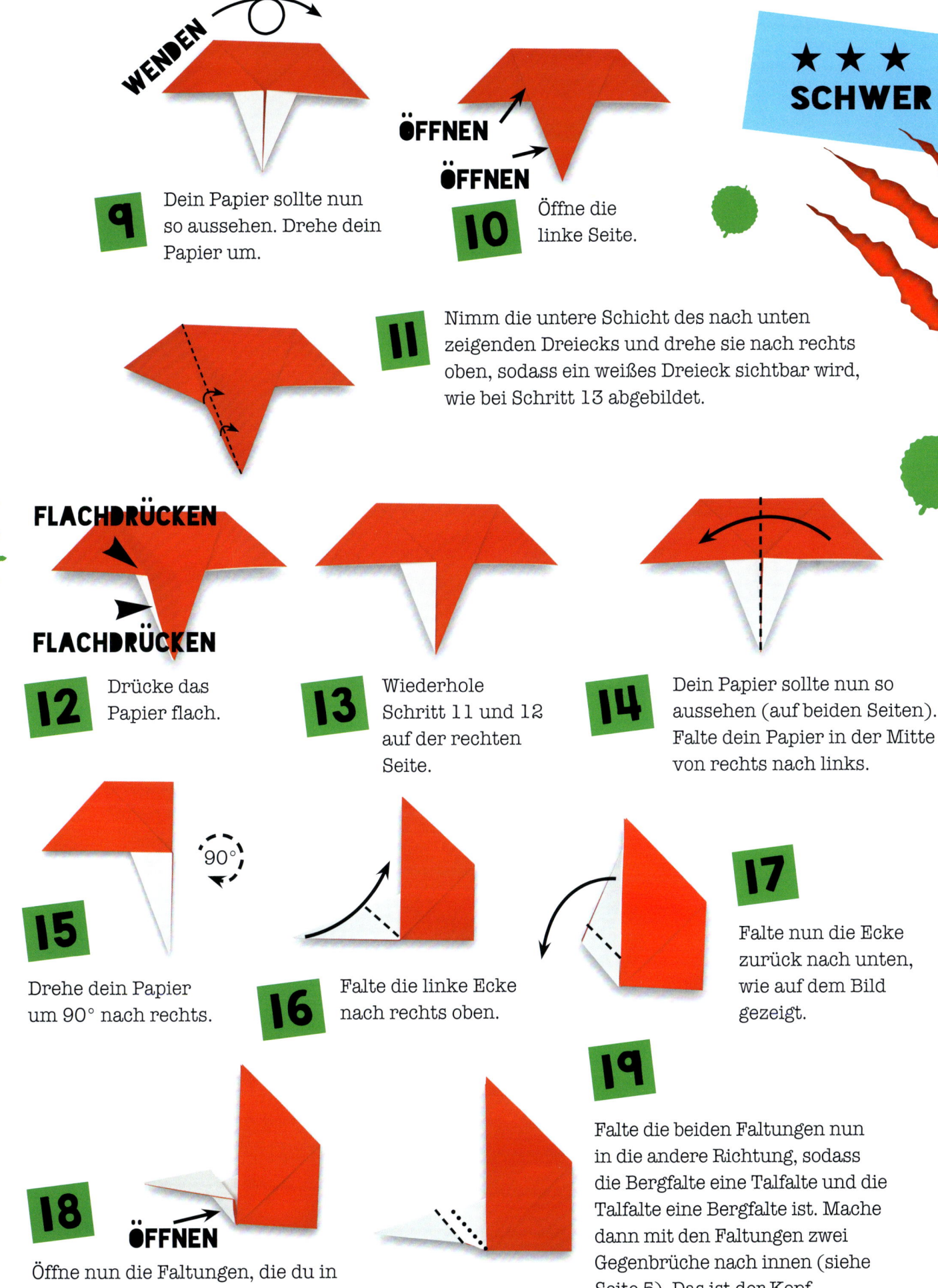

WENDEN

9 Dein Papier sollte nun so aussehen. Drehe dein Papier um.

ÖFFNEN

ÖFFNEN

10 Öffne die linke Seite.

★ ★ ★
SCHWER

11 Nimm die untere Schicht des nach unten zeigenden Dreiecks und drehe sie nach rechts oben, sodass ein weißes Dreieck sichtbar wird, wie bei Schritt 13 abgebildet.

FLACHDRÜCKEN

FLACHDRÜCKEN

12 Drücke das Papier flach.

13 Wiederhole Schritt 11 und 12 auf der rechten Seite.

14 Dein Papier sollte nun so aussehen (auf beiden Seiten). Falte dein Papier in der Mitte von rechts nach links.

90°

15 Drehe dein Papier um 90° nach rechts.

16 Falte die linke Ecke nach rechts oben.

17 Falte nun die Ecke zurück nach unten, wie auf dem Bild gezeigt.

19

Falte die beiden Faltungen nun in die andere Richtung, sodass die Bergfalte eine Talfalte und die Talfalte eine Bergfalte ist. Mache dann mit den Faltungen zwei Gegenbrüche nach innen (siehe Seite 5). Das ist der Kopf.

18

ÖFFNEN

Öffne nun die Faltungen, die du in Schritt 16 und 17 gemacht hast.

ZIEHEN

20

Ziehe die obere Lage des Kopfes nach oben.

2I

Mache eine Talfalte, wie abgebildet.

22

Falte sie zurück, sodass eine Bergfalte entsteht und mache einen Gegenbruch nach außen (siehe Seite 5). Das ist der Kamm.

FLACHDRÜCKEN

23 Drücke das Papier flach und stecke den Kamm zwischen die Flügel.

24 Falte den oberen Flügel nach unten, wie abgebildet.

25

Falte den anderen Flügel auch nach unten, sodass er bündig mit dem Flügel bei Schritt 24 ist.

26

Dein Papier sollte nun so aussehen.

27 Breite die Flügel des Pteranodon aus und schon ist er bereit, den Himmel zu erobern.

FERTIG!

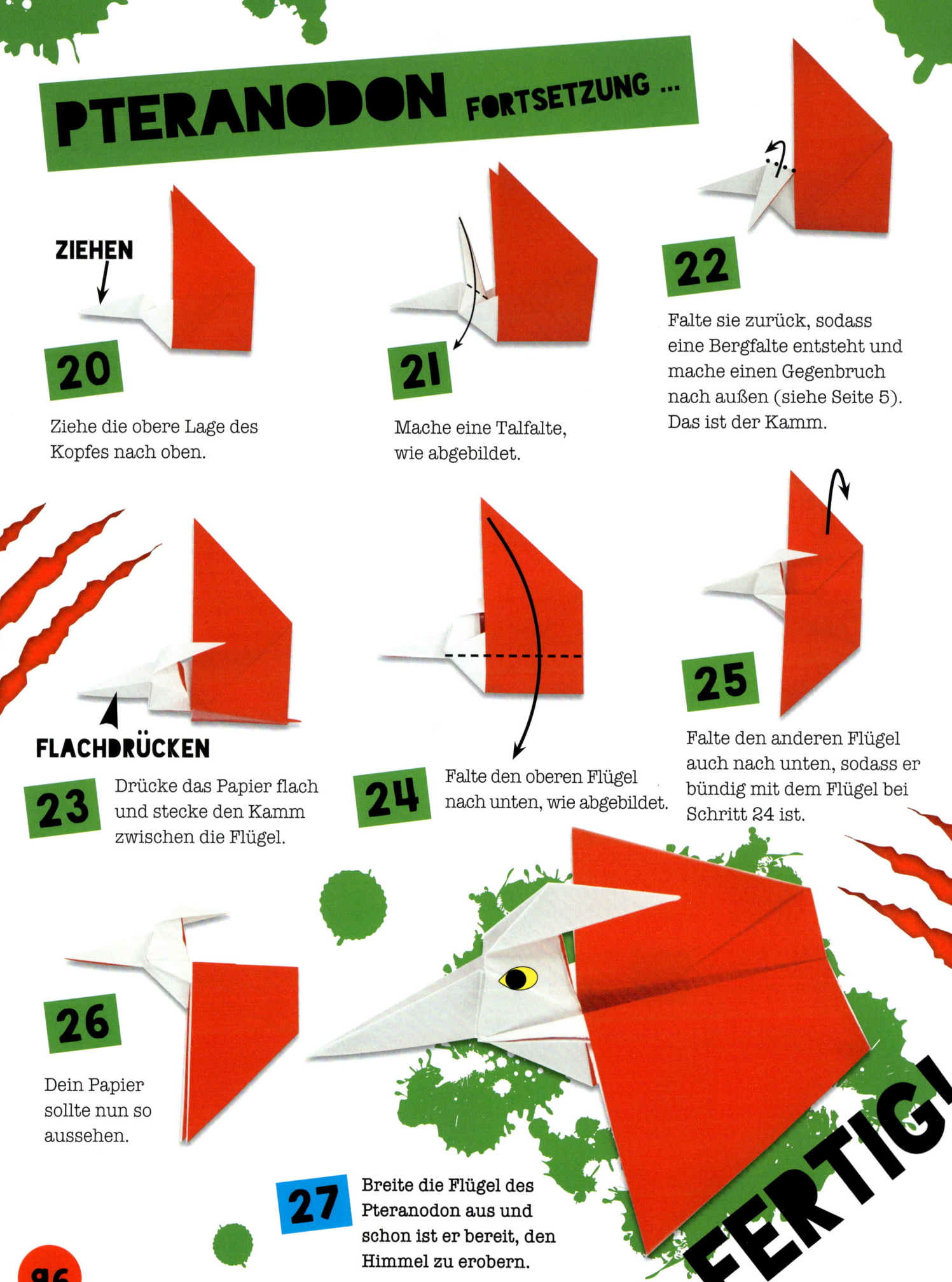